RUT NIEVES

CROIS EN TOI

Découvre le pouvoir de transformer ta vie

Tome 1

Traduit de l'espagnol par Joséphine Ardour

cherche midi

contact@rutnieves.es
www.rutnieves.com

Illustrations intérieures :

© archives de l'auteur, © Dandelia, © ChaiyonS021 - Shutterstock, © William Potter - Shutterstock ; © mariyaermolaeva - Shutterstock, © Wilm Ihlenfeld - Shutterstock, © Jam Norasett - Shutterstock, © Jan Faukner - Shutterstock, © Petra Schueller - Shutterstock, © Kichigin - Shutterstock, © Masaru Emoto

Maquette intérieure : © Dandelia

Vous pouvez consulter notre catalogue général
et l'annonce de nos prochaines parutions sur notre site :
www.cherche-midi.com

Directrice de collection : Marie Misandeau

Titre original : *Cree en ti*
Éditeur original : © Editorial Planeta, S. A.,
Av. Diagonal, 662-664, 08034 Barcelona

92, avenue de France
75013 Paris

Mis en pages par Soft Office
Dépôt légal : février 2020
ISBN 978-2-7491-6141-9

« Que ce livre ouvre les portes de ta conscience et de ton cœur à ta grandeur et au pouvoir immense qui est le tien, afin que les rêves qui sommeillent en toi se réalisent et que tu sois chaque jour plus heureux. »

Rut Nieves

Je dédie ce livre à ceux qui m'ont toujours accompagnée, à mes parents, à ma sœur, et à toi, chère lectrice, cher lecteur.

Je tiens à remercier tous ceux qui, d'une manière ou d'une autre, font partie de ma vie. Et tout particulièrement mes plus grands maîtres, qui m'ont tant appris, qui ont été pour moi un miroir, un modèle. Merci maman, merci papa. Merci Sara. Merci Pedro. Et merci Laín.

Je tiens également à remercier tous ceux qui m'ont inspirée et m'ont enseigné tant de choses, que ce soit à travers leurs livres ou leurs conférences. Merci à Ricardo Gómez, Laín García Calvo, Sergi Torres, Bruce H. Lipton, T. Harv Eker, Joe Vitale, Javier Iriondo, Stephen Covey, Masaru Emoto, Gregg Braden, Howard Martin, César Álvaro, Esteban García, Patricia Römer, et à tous ceux qui croient en l'être humain et ont consacré leur vie à la recherche et à la divulgation de tout ce qui a trait au développement du potentiel humain.

*Merci à l'univers tout entier, et **merci à TOI**.*

SOMMAIRE

NOTE AUX LECTEURS

Je suis persuadée que les livres, comme les enfants, choisissent leurs parents. Je suis persuadée que nous avons tous un projet merveilleux que nous choisissons avant de naître et que nous oublions une fois venus au monde. Et pour le mener à terme, tu dois d'abord essayer de te rappeler qui tu es et retrouver ce pouvoir qui t'a été donné pour jouir de cette vie et connaître **l'amour**.

Crois en toi, ce sont les enseignements que j'ai tirés de la vie durant de nombreuses années, et ce que celle-ci m'a demandé de partager avec vous.

Crois en toi m'a beaucoup appris. D'abord parce que ce livre rassemble les réponses que j'ai cherchées pendant plus de vingt ans, ensuite parce qu'il ne cesse de me surprendre – accomplissant une multitude de miracles –, et de m'enseigner la beauté de la vie, le pouvoir de l'**amour** – un pouvoir illimité, régénérant et guérisseur –, et de me faire découvrir le potentiel qui réside en chacun de nous, dans notre esprit, dans nos émotions.

Les mots me manquent pour exprimer la gratitude que je ressens envers les milliers de personnes qui, partout dans le monde, m'ont envoyé des messages de remerciements, me disant combien ce livre les avait aidées et à quel point son contenu a transformé leur vie.

J'ai écrit ***Crois en toi*** en moins d'un mois. J'étais alors inscrite en master de coaching et je donnais des cours du soir à des adolescents. C'était incroyable, toute cette énergie et cette inspiration que j'ai reçues pour écrire. Au début, j'étais incapable de rester assise plus de dix minutes d'affilée, j'étais très nerveuse et bloquée psychologiquement. Puis j'ai identifié mes peurs, je me suis autorisée à les ressentir et je les ai évacuées. J'avais le pressentiment que ***Crois en toi*** allait changer ma vie, la mienne et celle de millions de personnes, et cette idée, dans un premier temps, m'accablait. Pour qui je me prenais ? Moi, dont la vie était on ne peut plus normale, comment pouvais-je prétendre écrire un tel livre ?

Crois en toi, d'abord publié en autoédition, était disponible uniquement sur mon site Internet et Amazon ; au bout de quelques mois, il comptait parmi les meilleures ventes d'Amazon Espagne. Des libraires m'appelaient, car il y avait une forte demande, et petit à petit le réseau de librairies qui le distribuait s'est étendu. Le deuxième tome est sorti l'année suivante, et le troisième un an plus tard. En moins de trois ans, près de 50 000 exemplaires se sont écoulés. Et moi, je rêvais qu'un grand éditeur m'appelle pour m'annoncer qu'il souhaitait le publier.

Quand c'est arrivé, j'étais en train d'écrire le troisième tome. Je savais que seul un grand éditeur pourrait m'aider à faire parvenir ce livre à tous ceux qui, aux quatre coins du monde, avaient envie de le lire. Ce livre que tu tiens entre tes mains est donc le fruit d'un rêve, du travail et de l'affection de nombreuses personnes.

Je ne suis qu'un moyen pour que les informations arrivent jusqu'à ceux qui en ont besoin. Je crois que nous sommes tous aussi précieux et importants les uns que les autres, que nous sommes tous dotés de multiples dons, et qu'en chacun de nous réside un potentiel infini.

Je crois que ce qui demande le plus de courage dans la vie, c'est d'oser écouter son cœur, son « moi » merveilleux, et d'y être attentif malgré la peur. ***Crois en toi*** est le premier tome de la trilogie du même nom ; on y trouvera tout ce qui a changé ma vie en quelques mois seulement. J'y évoque les enseignements que les grands maîtres et auteurs nous ont transmis tout au long de l'histoire et les avancées scientifiques des dernières années, en m'appuyant sur mon expérience personnelle.

Nous sommes des êtres extraordinaires qui, avant de naître, ont choisi la vie humaine. Alors laisse-moi te dire ceci : tu as vraiment du courage d'avoir pris le risque de naître alors que tu savais que tu allais oublier ta condition merveilleuse.

Si tu lis ce livre, c'est que tu es prêt à te rappeler qui tu es et à jouir de la vie que tu mérites. Peut-être le sais-tu déjà, mais que tu n'y crois pas tout à fait. Alors ouvre ton esprit et autorise-toi à ressentir cela, afin de l'assimiler et de l'expérimenter.

Une de mes grandes découvertes, c'est que la souffrance n'est pas nécessaire. C'est juste un choix que l'on fait. La vie essaie de nous réveiller doucement, et quand on n'y parvient pas, c'est la souffrance qui prend le relais. Si nous n'apprenons pas petit à petit, un événement - une disparition, une maladie, un licenciement, une séparation, etc. - se chargera de nous faire la leçon, et le réveil sera brutal.

Rien de ce que tu as vécu n'est le fruit du hasard. À chaque nouvelle expérience, la vie essaie de te réveiller afin de te rappeler que tu es là pour la savourer, pour être heureux, prendre du plaisir et aimer.

Et le plus extraordinaire, c'est que lorsque tu fais le choix d'apprendre tout en prenant du plaisir, plus rien ne te semble dramatique, car tu sais que tout ce qui t'arrive, c'est pour ton bien. Et à partir du moment où tu vois d'un autre œil tout ce qui t'arrive, maintenant que tu crois en toi et en ta vie, ta vie n'en devient que plus belle.

RUT NIEVES

POURQUOI LIRE CE LIVRE ?

Une raison d'être de ce livre est de te rendre le pouvoir qui t'appartient. C'est pour cela que je l'ai écrit, pour que tu sois conscient de ta capacité à transformer ta réalité et à vivre une vie extraordinaire.

L'amour et l'intention que j'ai mis dans chacun de ces mots réveilleront l'amour qui est en toi et gagnera bientôt tout ton corps pour se diffuser bien au-delà.

Dans ce livre, je révèle les secrets de ton mental. Et au fil des pages, tu découvriras le potentiel infini que ce dernier recèle.

À mesure que tu prendras conscience de tout ce que tu as, tu tomberas amoureux de ta vie, tu croiras en toi et un monde regorgeant de possibilités s'offrira à toi.

Tu te sentiras infiniment heureux d'être vivant et reconnaissant de vivre cet instant. Ta vie te paraîtra magique et merveilleuse.

Au fur et à mesure de ta lecture, tu croiras de plus en plus en toi. Mais si tu ne veux pas **croire en toi**, ne va pas plus loin. Ton temps est précieux, inutile de le perdre en faisant quelque chose auquel tu ne crois pas.

En revanche, si une part de toi t'y incite, parce que tu as envie d'en savoir plus, **alors fonce!**

Tu vas non seulement commencer à croire en toi, mais tu vas aussi tomber amoureux de la personne la plus importante, la plus fascinante, la plus grandiose que tu connaisses. Toi.

Tu vas comprendre tout ce que tu as vécu et te réconcilier avec ta vie, et tu seras reconnaissant d'être arrivé jusque-là. Tu vas te réconcilier avec tout ce que tu as toujours refusé de voir en toi et découvrir que tu peux réécrire le reste de ta vie.

Ce livre t'offre un chemin vers ta liberté. Plus jamais tu ne seras victime des circonstances, car tu vas devenir le créateur de ta propre vie.

Les principes que je révèle ont radicalement changé la mienne et continuent de la changer jour après jour. Tout ce dont je parle, je l'ai testé moi-même. J'ai pu en constater les effets dans ma vie et dans celle de milliers de personnes qui appliquent déjà ces principes.

J'ai connu une seconde naissance ou, pour le dire autrement, je me suis réveillée d'un songe. Et quand cela s'est produit, j'ai commencé à vivre pleinement, en ressentant la même joie et la même passion qu'éprouvent les enfants devant la vie.

POURQUOI J'AI ÉCRIT CE LIVRE ?

Ce livre n'est pas un livre de développement personnel, c'est un livre d'empowerment individuel.

La mission de ce livre est d'éclairer ceux qui désirent découvrir le puissant potentiel qui réside en chacun d'eux. Ce voyage intérieur te permettra d'apprendre comment fonctionnent ton mental, tes émotions, et comment ta façon de penser a contribué à forger ta vie.

Quel que soit le lieu où tu te trouves, ce que tu as vécu et ton but dans la vie, le point de départ est toujours la connaissance et la compréhension de soi. Et le fait d'appréhender qui tu es au sein du monde dans lequel tu vis.

Une fois que tu auras découvert qui tu es et que tu seras connecté à ton essence, le potentiel endormi en toi se manifestera et tu comprendras pourquoi tu es là. Tu saisiras l'importance de ce que tu es venu faire ici.

Gandhi disait :

« Presque tout ce que vous ferez dans la vie sera insignifiant, mais il est très important que vous le fassiez. Car sinon, personne d'autre ne le fera. »

Tu vas découvrir que tu as tout ce qu'il te faut et que tu l'as toujours eu. Moi, je vais simplement te servir de guide, t'indiquer des pistes, pour que ton mental s'ouvre à la connaissance et que tu te rendes compte à quel point tu es merveilleux et que ta vie est extraordinaire.

Tu es beaucoup plus que tu ne l'imagines,
et tu peux bien plus que tu ne le crois.

Mais comme le disait Steve Jobs quand il a inventé le premier ordinateur familial : « Comment les gens peuvent-ils savoir ce qu'ils veulent s'ils ne savent même pas que ça existe ? »

Un an avant de me lancer dans la rédaction de ce livre, j'ai compris pourquoi j'en étais arrivée là dans ma **vie**. Parce que je n'avais pas réussi à réaliser mes plus grands rêves. J'ai pris conscience que les croyances que mon mental avait assimilées durant les sept premières années de ma **vie** avaient orienté et conditionné le reste de ma **vie**.

J'ai compris des choses déterminantes pour moi : ma **vie** est le fruit de mes croyances et celles-ci peuvent évoluer afin que mon mental me mène vers l'existence que je désire.

Tant que tu n'as pas conscience de qui tu es et que tu ne fais pas l'effort de te connaître, tu resteras une marionnette manipulée par ton subconscient. Peut-être penses-tu que la vie est injuste, qu'elle en favorise certains ou que nous sommes le jouet des circonstances.

Dès que tu comprendras comment fonctionnent ton mental, ton cœur, le lien qui existe entre tes croyances et ta vie actuelle, tu comprendras que rien de tout cela n'est vrai. La vie est parfaite, elle est vraiment extraordinaire. Même s'il faut du temps pour s'en rendre compte, une chose est sûre : elle est là et elle te donne ce dont tu as besoin à chaque instant. Autorise-toi à le découvrir.

1

ET SI TOUT CE QUE TU SAVAIS ÉTAIT FAUX ?

CROYANCES

« LE JOUR OÙ NOUS COMPRENDRONS QUE LA PHILOSOPHIE ACTUELLE ET LES PERCEPTIONS INDIVIDUELLES SONT EN RÉALITÉ DES CROYANCES ACQUISES, QUI DÉTERMINENT NON SEULEMENT NOTRE BIOLOGIE, MAIS AUSSI LE MONDE DANS LEQUEL NOUS VIVONS, CHACUN DÉVELOPPERA UNE VISION PERSONNELLE QUI CHANGERA LE MONDE. »

Bruce H. Lipton
Scientifique et chercheur en biologie cellulaire

« Tout ? Tout ? » m'a demandé ma mère.

Lorsque ton système de croyances repose sur de mauvaises bases, tout s'en voit affecté. Lorsque tu modifies cette base, lorsque tu changes de point de vue, tout change, rien n'est exactement pareil.

Sur le chemin de l'apprentissage, il est parfois nécessaire de désapprendre et d'accepter que les choses ne fonctionnent peut-être pas exactement comme on l'a toujours cru ou comme on nous l'a raconté.

L'histoire est pleine de paradigmes qui ont changé à mesure que la science évoluait. Mais cela n'a pas toujours été le cas. Les plus grands inventeurs ont parfois eu du fil à retordre pour convaincre la société que tout ce qu'elle avait toujours cru était faux. Car lorsqu'on a culturellement hérité de tout un lot de croyances, notre esprit rechigne à croire le contraire.

C'est impressionnant la quantité d'informations que nous acceptons et tenons pour certaines depuis notre naissance jusqu'à notre mort.

Combien d'informations as-tu reçues dans ta vie sans jamais les remettre en question ? T'es-tu déjà demandé combien de croyances culturelles tu as intégrées docilement sans jamais douter de leur véracité ?

Cela fait des années que les courant scientifiques les plus avant-gardistes ont dépassé les théories darwiniennes et le déterminisme génétique. Mais, pour des raisons à mon avis purement économiques, toutes les découvertes scientifiques n'ont pas le même écho.

Les théories de Darwin affirmant que nous sommes le fruit du hasard et de la lutte pour la survie sont reléguées au passé, tout comme les théories selon lesquelles nous sommes déterminés par nos gènes.

Bruce H. Lipton, ancien professeur de biologie cellulaire à la prestigieuse faculté de médecine de l'université du Wisconsin, est mondialement connu pour ses recherches sur le clonage des cellules-souches. Il a également mené des recherches novatrices à la faculté de médecine de l'université de Stanford.

Ses études révolutionnaires sur la membrane cellulaire ont posé les bases de la nouvelle épigénétique et fait de lui un des principaux représentants de la biologie moderne. Bruce est parvenu à la conclusion que nous ne sommes pas le fruit de nos gènes, mais que **ce sont nos croyances qui déterminent notre biologie**. Et grâce à l'extrême plasticité de notre cerveau, nos croyances peuvent évoluer.

Par conséquent, avec de pareilles théories, un premier mythe s'effondre ; celui selon lequel les personnes ne peuvent pas changer. Bien évidemment que c'est possible. Seulement, c'est une décision qui ne dépend que de soi. Tant que l'on résiste au changement, il n'y a pas grand-chose à faire.

Notre système de croyances est en effet profondément ancré en nous. C'est pour cette raison qu'à chaque nouvelle avancée scientifique, quand les choses ne sont plus telles qu'on les avait toujours pensées, notre mental rejette les nouvelles théories.

Inévitablement, l'histoire change quand on la regarde avec un autre point de vue.

Il y a une différence de taille entre croire que tu es victime des circonstances, que ta vie est déterminée par tes gènes ou que tu es le simple fruit du hasard, et admettre que tu es l'auteur, le metteur en scène et le cocréateur de ta propre vie et du monde dans lequel tu vis.

« Ce n'est pas ce que nous ignorons qui nous empêche de réussir, c'est ce que nous croyons savoir à tort qui est notre plus grand obstacle. »

Josh Billings

Eh bien, je te dirai ceci : toutes les pensées que tu accumules dans ton esprit ont des répercussions dans ta vie. Personne, absolument personne, n'est dispensé de payer le prix de sa présence sur Terre.

La première fois que j'ai entendu dire que chacun doit créer sa propre réalité à travers ses pensées, cela m'a paru complètement dingue.

Comment était-ce possible ?

À d'autres moments de ma vie, je ne l'aurais pas cru. Toujours est-il que cela faisait déjà un certain temps que je cherchais des réponses. Et celui qui cherche, tôt ou tard, finit par trouver.

« Le maître apparaît quand le disciple est prêt. »

Proverbe hindou

Ce n'est donc pas un hasard si **toi**, maintenant, tu lis ce livre. **Rien n'arrive par hasard.**

Il m'a été douloureux d'apprendre cela, même si j'étais prête. Admettre que j'étais responsable de tout ce que j'avais vécu n'a pas été facile. Il n'est jamais simple d'accepter que l'on aurait pu s'épargner les épreuves que l'on a traversées.

Peut-être que tu te dis : « Oui, on est en partie responsable, mais pas de tout. »

Je comprends. Au début, moi non plus je n'en croyais rien. Et pourtant, petit à petit, la vie m'a prouvé que nous sommes bel et bien responsables. Parce que, dans le fond, nous ne formons qu'un. Consciemment et inconsciemment, notre façon de penser, de ressentir, notre comportement, tout cela a de l'influence sur le monde dans lequel nous vivons.

Mais rassure-toi, tu n'es pas obligé de le croire. Pas plus que tout ce que je raconte dans ce livre. En revanche, je t'encourage à ouvrir ton mental à cette éventualité et à en faire l'expérience par toi-même.

Pour revenir à mon histoire, j'ai d'abord eu beaucoup de mal à me faire à cette idée. J'y suis finalement parvenue, car, sans pour autant le comprendre, je pressentais que c'était vrai. Cependant, une fois que tu as accepté le fait que tu es responsable de ce que tu as vécu, tu es en mesure de reconnaître ton droit et ta capacité à changer le cours de ta vie. Et ça, c'est plutôt une bonne nouvelle.

Voilà pourquoi j'ai écrit ce livre. Afin de donner à ton mental toutes les raisons et preuves suffisantes pour que **tu** puisses reconnaître que tu es capable de changer ce que tu as envie de changer dans ta vie, et que tu en as le pouvoir.

Il y a plus de six cents ans, lorsque Copernic et Galilée affirmaient que la Terre tourne autour du Soleil, personne ne les croyait. On les accusait d'hérésie. **Pourquoi ?**

La réponse est simple. Nous nous accrochons toujours à ce que notre mental connaît. Nous nous accrochons à nos croyances comme s'il s'agissait de vérités absolues. Partant de là, il n'est pas évident de lâcher prise et de se faire à l'idée que tout ce que nous tenons pour une vérité établie n'est rien d'autre que des croyances héritées.

Une grande majorité des croyances sont culturelles ou familiales, elles se transmettent de génération en génération sans même que **tu** en sois conscient.

Ce que je révèle dans ce livre va probablement remettre en question la plupart de tes schémas et ta façon de percevoir la vie. À moins que cela ne vienne confirmer ce que tu pensais déjà sans complètement y croire ou sans avoir réussi à rassembler les morceaux du puzzle.

En tout cas, je te promets que ce livre t'ouvrira un peu plus l'esprit, ce qui est toujours synonyme de liberté.

Il va surtout t'aider à te débarrasser d'un grand nombre de préoccupations et de souffrances. Car la souffrance n'est rien d'autre que le fruit de la méconnaissance. Nous souffrons à cause de notre manière de percevoir la réalité, mais aussi parce que nous ignorons notre capacité à la transformer, et parce qu'on ne nous a pas appris à **nous aimer** totalement nous-même.

Tout au long de notre vie, nous croyons que nous ne pouvons pas faire grand-chose, alors qu'en réalité nous pouvons faire beaucoup !

Le meilleur enseignement que j'ai reçu de mes parents est que j'étais capable de réussir tout ce que j'entreprendrais.

Si bien que je ne m'accordais jamais de répit avant d'avoir trouvé ce que je cherchais.

Je suis diplômée de l'École technique supérieure d'architecture de Madrid. J'ai travaillé comme architecte durant plus de douze ans en Espagne, ensuite en Allemagne. J'ai collaboré avec de grands architectes, travaillé dans divers cabinets, coordonné des projets, des équipes. J'ai fait partie de la maîtrise d'œuvre d'une centaine de logements. Nous avons remporté un grand nombre de concours et construit des milliers de logements. J'aimais ce que je faisais, mais je sentais que ce n'était pas suffisant, que quelque chose de plus grand m'attendait.

Depuis toute petite, j'ai vécu dans différentes régions d'Espagne, en Italie et en Allemagne. Je suis partie étudier l'anglais à Brighton et l'allemand à Vienne. J'ai voyagé toute seule en Europe centrale et en Amérique du Sud. J'ai connu des êtres extraordinaires qui m'ont fait me sentir chez moi. Je me suis aventurée dans des montagnes et des forêts avec plus d'un mètre de neige, j'ai fait de l'auto-stop seule, je me suis exprimée en allemand en public, j'ai cuisiné pour plus de cinquante personnes, etc. J'ai fait de l'escalade, du ski hors piste et de la planche à voile passé 30 ans. J'ai relevé tous les défis que la vie m'a lancés et tous ceux que j'ai voulu me lancer à moi-même.

Pourtant, mon existence ne comblait pas mes attentes et je refusais qu'elle se cantonne à ça.

À 30 ans, j'avais accumulé tant d'expériences sans en tirer le moindre enseignement et tant de frustrations que j'ai commencé à souffrir d'insomnies et j'ai fait une dépression.

J'ai cherché de l'aide et j'ai rencontré un grand psychologue qui m'a accompagnée avec bienveillance et a su m'aider à découvrir ma grandeur et ma vraie valeur. Au fil des années, j'ai pris de l'assurance. J'ai évolué professionnellement, j'ai gagné en qualité de vie. Mais je n'avais toujours pas réussi à trouver ce que je recherchais.

J'avais consacré près de vingt ans à l'architecture, en comptant les années d'étude, et si j'aimais mon travail, je savais aussi que j'étais porteuse d'une autre vocation, encore plus importante. Mais j'ignorais laquelle.

L'amour était la deuxième grande inconnue de ma vie. Je ne comprenais toujours pas quel était le problème, de ce côté-là.

Durant des années je m'étais demandé : « Pourquoi est-ce que je réussis plus facilement que d'autres dans certains domaines ? Et pourquoi d'autres réussissent facilement là où moi j'ai échoué ? »

J'étais toujours prête à faire le maximum pour trouver ce que je cherchais. Je n'avais pas vraiment peur du changement ; ce que je craignais surtout, c'était que ma vie ne change pas.

Seulement, pendant des années, j'ai commis une erreur. J'ai arrêté de rêver, parce que j'avais remarqué que plus je désirais quelque chose, plus cette chose s'éloignait de moi.

Et quand on arrête de rêver, on perd son enthousiasme et on arrête de vivre. C'est ce qui s'est produit lorsque j'ai souffert d'insomnies. Ça, c'était l'autre énigme que je devais résoudre : pourquoi, lorsqu'on désire ardemment quelque chose, a-t-on l'impression que ce désir ne se réalisera pas ?

Deux décisions ont transformé ma vie. Et il y a eu un avant et un après ces deux décisions.

La première, je l'ai prise trois ans avant d'écrire ce livre. J'ai tout abandonné pour moi. J'ai tout abandonné pour partir à la recherche de ce que je n'avais toujours pas trouvé. J'aspirais au bonheur et j'étais prête à aller aussi loin qu'il le faudrait pour l'atteindre. J'ai quitté mon travail d'architecte, mon appartement, ma ville, mon pays et ceux que j'aimais le plus. À Madrid, j'avais déjà tout essayé.

L'Europe centrale m'attirait depuis longtemps. Je n'avais rien à perdre. Je tournais en rond et j'avais besoin de faire quelque chose qui relancerait ma vie. Alors je suis partie pour la Forêt-Noire, en quête de ce que je n'avais toujours pas trouvé.

Je suis restée deux ans à Fribourg, et là-bas, j'ai pu prendre du recul par rapport à ce que l'on attendait de moi et au jugement des autres. Je suis repartie de zéro, sans connaître personne ni quasiment un mot d'allemand.

Au bout d'un an et demi, je me suis rendu compte que **j'avais réussi tout ce que je me croyais capable de réussir**. Et que j'avais échoué là où, précisément, j'étais persuadée que j'échouerais ou dans ce que je pensais ne pas mériter de réussir.

Là-bas, entourée de forêts, de montagnes et de paysages incroyables, j'ai pu considérer la vie d'une tout autre façon. Je vivais dans une ville de contes de fées, avec des fleurs partout et où tout le monde se déplace à vélo.

Là-bas, j'ai pu observer de près combien la nature est noble. J'ai commencé à me connecter à mon essence et à ce que j'aimais réellement. Et dès lors que je me suis connectée à mon essence, toutes les réponses me sont apparues.

À l'origine de tout cela, il y a eu un livre de développement personnel. *Trabajo y felicidad* (travail et bonheur) de Ricardo Gómez. Dès les premières pages, il m'a semblé évident que c'était la direction que je voulais emprunter. Jamais cela ne m'avait paru aussi clair.

Je me suis connectée à mon projet de vie et je me suis mise à étudier le monde du mental et des émotions. Je savais ce que je voulais, mais je n'avais pas la moindre idée de la façon d'y parvenir. J'étais très emballée, seulement, au fond de moi, j'étais morte de trouille.

J'ai fait des recherches sur Internet et, au bout de quelques jours, j'ai vu à l'écran celui qui allait devenir mon mentor : Laín García Calvo. Quand j'ai lu ce qu'il écrivait sur les réseaux sociaux, je n'en revenais pas. J'ai su d'emblée qu'il connaissait les réponses que j'avais cherchées toute ma vie.

Quand l'élève est prêt, le maître apparaît.

Je me suis inscrite à des séances en ligne, et lui, avec la plus grande gentillesse, m'a enseigné les principes qui ont changé ma vie.

Écouter Laín a ébranlé ma conscience. Prendre connaissance de toutes les informations qu'il m'a données et les transmettre à mon tour a marqué un tournant dans ma vie. Je me rappelle même le jour et l'heure. C'était le 2 avril 2013, à 19 heures.

Tout ce que j'avais toujours voulu comprendre prenait sens.

Admettre ces principes n'a pas été facile. D'abord, j'ai ressenti une certaine culpabilité. Et petit à petit, j'ai compris que je n'avais pas à me sentir coupable, qu'en fait je n'étais pas consciente de tout ce que j'avais attiré dans ma vie. Et dès que j'ai transformé ce sentiment de culpabilité en responsabilité subconsciente, la paix s'est installée en moi.

Ces principes m'ont donné le courage de rentrer en Espagne et de me former pour me consacrer professionnellement à ce que j'aime vraiment.

Il m'était indispensable de m'éloigner de mes origines pour oser reconnaître que le métier auquel j'avais consacré près de vingt années de ma vie n'était pas mon grand projet.

Cela n'a pas été facile pour moi d'annoncer à ceux que j'aime le plus, qui ont financé mes études et m'ont tout donné, que je voulais changer de vie. Mais je l'ai fait.

Si tu t'impliques dans ce que tu aimes vraiment,
tu recevras toute l'aide dont tu as besoin.

En quelques mois, j'ai tout changé dans ma vie en respectant les étapes indiquées par Laín. C'était comme une seconde naissance. J'ai quitté mon métier d'architecte et je suis retournée en Espagne pour me consacrer à ce que j'aime réellement. J'avais trouvé ma vocation et j'étais tombée complètement amoureuse de ma vie. Tout le reste passait au second plan. Et je pouvais rentrer chez moi, parce que j'avais enfin trouvé ce que je cherchais.

Ce fut la seconde grande décision que j'ai eu à prendre dans ma vie : m'aventurer dans le monde de l'architecture émotionnelle. Imaginer et ériger des bâtiments était un métier magnifique, mais aider les autres à découvrir leur propre architecture pour pouvoir construire la vie de leurs rêves me semblait encore plus fascinant.

C'est la structure émotionnelle et mentale de chacun qui détermine la qualité de sa vie, ses actes et ses réussites.

En quelques mois, j'ai transformé ma vie et je me suis reconvertie en initiatrice du changement. Je me suis aventurée dans les profondeurs de l'être humain et j'ai découvert le potentiel immense qui réside en chacun de nous. J'ai rencontré des êtres extraordinaires qui m'ont aidée à parcourir tout ce chemin. Le monde m'est apparu comme un lieu de vie fabuleux et je suis tombée amoureuse de ma vie.

J'ai lu les plus grands maîtres du développement personnel, j'ai suivi des séminaires, pris des cours, étudié ce que la biologie, les neurosciences et la psychologie ont dévoilé ces trente dernières années sur le fonctionnement de notre cerveau et de notre cœur, sur l'impact, tout au long de notre vie, de l'éducation que nous avons reçue. C'était passionnant de découvrir la capacité que possède chaque être humain de transformer sa réalité, le potentiel de notre cerveau et de nos émotions.

J'ai beaucoup appris de T. Harv Eker, Anthony Robbins, Bruce H. Lipton, Louise L. Hay ou Joe Vitale. Et en Espagne, de Laín García Calvo, Sergi Torres, Ángel López et Ricardo Gómez. Grâce à leurs livres, aux séances de coaching, aux séminaires et aux cours, aujourd'hui je suis amoureuse de ma vie.

J'ai suivi une formation pour devenir coach avec Emotiva CPC à Madrid, une équipe extraordinaire de professionnels du coaching, de l'intelligence émotionnelle, de la programmation neurolinguistique (PNL) et de la communication. Dans le domaine de la psychologie, j'ai été formée par les grands Pedro Santamaría Pozo et Juan Cruz González.

J'ai changé ma façon de voir ma vie et ma vie a complètement changé. Elle s'est améliorée sur tous les plans : relations, santé, travail, argent. J'ai retrouvé le sommeil. Peu à peu, j'ai pu réduire ma consommation d'antalgiques. J'ai perdu du poids sans faire le moindre effort, je ne suis plus aussi sensible qu'avant à ce que disent les autres, je ne me vexe pas quand on me fait des reproches. Je ne me sens pas inférieure quand on me reprend ou quand on me critique. Et même si parfois ça fait mal, je ne me sens plus blessée quand ceux que j'aime s'éloignent de moi. En définitive, j'ai arrêté de me considérer comme une victime et j'ai enfin admis que j'étais responsable de ma vie.

L'ignorance est une des principales causes de la souffrance de l'humanité.

La science a fait tellement de progrès ces cent dernières années qu'aujourd'hui nous savons que nous sommes beaucoup plus puissants que ce que nous avons cru durant des siècles. **Il n'y a pas de raison de te priver d'obtenir ce que tu aimes.**

Voilà pourquoi désormais je m'efforce d'aider les gens à **croire en eux**, à découvrir leur véritable potentiel grâce à mes livres et aux séances, séminaires et conférences que j'organise.

Voilà pourquoi désormais j'écris des livres, je donne des cours et dirige des séminaires : pour que l'on sache que si moi j'en suis capable, alors tout le monde en est capable. Si moi j'en suis capable, alors toi aussi tu en es capable.

LE SCEPTICISME FERME LES PORTES, LA FOI LES OUVRE

Le mental est comme un parachute, il ne fonctionne que s'il s'ouvre. Ton mental est la meilleure valeur dans laquelle tu puisses investir. Ta vie reflète ta façon de penser. La clé est dans ton mental.

Moi aussi j'étais sceptique. Et un jour j'ai marché sur un lit de braises d'une température de plus de 500 degrés sans me brûler. J'ai brisé une flèche avec ma gorge. Je me suis alors demandé combien de choses je n'avais pas faites parce que je m'en croyais incapable.

Ce jour-là, j'ai compris que c'est nous qui fixons les limites de notre réalité.

J'ai vécu tant de choses incroyables depuis que j'ai découvert quel était mon grand projet et les principes qui régissent ma vie, que maintenant je m'emploie à faire savoir ce qui a changé ma vie et à transmettre l'idée suivante : **tu es libre** de choisir la vie que tu veux vivre. Tu es capable de réussir tout ce que tu aimes et de connaître une **vie extraordinaire**.

La plupart des gens ne sont pas conscients de leur grandeur et se contentent de vivre en petit. Ne pas se plaindre et se résigner sont deux choses différentes. Je constate que beaucoup de personnes se résignent à conserver leur emploi, supportant parfois des conditions de travail difficiles, se contentant de gagner le minimum suffisant pour boucler les fins de mois. Permets-moi de te dire que la vie, c'est plus que ça ! Tu mérites et tu es capable de davantage !

Pourquoi nous limitons-nous à survivre si nous pouvons vivre une vie extraordinaire ?

Nous naissons tous avec des rêves, une vocation, un projet de vie, et c'est ce qui constitue notre moteur. Quand nous nous détournons de ce qui nous passionne et de ce que nous sommes réellement, nous perdons ce qui fait notre force, car nous nous déconnectons de notre source d'énergie. En revanche, quand tu te connectes à ton essence et que tu vas vers ce que tu aimes, tu découvres les potentiels infinis qui sommeillent en toi.

Mais ça, je ne l'ai pas toujours su. Longtemps j'ai cru que la vie était une loterie et que je devais me contenter de ce que j'avais gagné. J'étais capable de réussir sans la moindre difficulté ce qui, pour d'autres, était plus compliqué. À l'inverse, certains réussissaient haut la main là où moi, malgré tous les efforts que je pouvais déployer, j'échouais. Et je me demandais toujours : pourquoi ?

2

SUPERPOUVOIRS ET MIRACLES

LES EXCEPTIONS DE LA SCIENCE

« LA MAGIE, C'EST DE CROIRE EN VOUS-MÊME. SI VOUS Y PARVENEZ, VOUS POUVEZ FAIRE EN SORTE QUE N'IMPORTE QUELLE CHOSE SE PRODUISE. »

Johann Wolfgang von Goethe
Poète, dramaturge et scientifique allemand

Selon moi, la magie, c'est tout ce qui, malgré la connaissance et l'expérience dont dispose mon mental, échappe à sa compréhension.

Lorsque Galilée et Copernic ont déclaré que la Terre tourne autour du Soleil, on les a traités d'hérétiques, et de nombreux scientifiques ont été accusés de sorcellerie parce qu'ils pratiquaient la magie et tenaient des propos que les autres ne pouvaient pas comprendre.

À ton avis, que pensèrent les premiers qui ont vu voler un avion ou une fusée ? Que crois-tu que pensèrent les premiers qui ont vu une ampoule s'allumer ? Que crois-tu que les gens pensèrent, la première fois qu'on leur a parlé de téléphone, d'Internet, ou de visioconférences d'un bout à l'autre de la planète en temps réel ?

Combien de choses ont cours, aujourd'hui, que nous avons acceptées parce qu'elles appartiennent à nos croyances, alors que nous ne les comprenons pas ?

Et combien de choses, pourtant, nous reste-t-il à découvrir ? Combien ont déjà été découvertes par les scientifiques ? Beaucoup plus que ton mental ne peut le concevoir.

Depuis notre naissance, nous avons besoin de voir pour croire. Nous nous laissons constamment influencer par ce que perçoivent nos sens. Seulement, nos sens sont limités. Ils perçoivent ce qui peut se voir, s'entendre, se sentir, se goûter ou se toucher. Mais cela ne veut pas dire pour autant qu'il n'existe rien d'autre.

Combien de choses existent que tu ne peux voir, entendre, sentir, goûter et toucher ?

Est-ce que tu peux voir la vitesse à laquelle la Terre tourne autour du Soleil ? Est-ce que tu peux voir l'énergie potentielle ou gravitationnelle ? Est-ce que tu peux voir l'énergie ?

Pourtant, tu peux ressentir l'amour que quelqu'un éprouve pour toi, même si tu te trouves à des milliers de kilomètres, tu peux ressentir les tensions au cœur de certaines réunions. L'amour, la colère, la jalousie, la joie peuvent se ressentir et se percevoir même si nous sommes physiquement séparés.

Par nature, notre mental écarte tout ce qu'il ne connaît pas. Et nous avons sans cesse besoin de voir pour croire.

Les miracles et les événements extraordinaires sont tout simplement des faits que notre mental ne peut pas comprendre. Mais ils se produisent quotidiennement pour ceux qui croient en eux. Voilà le premier des principes. Croire pour voir et non pas voir pour croire.

« Ceux qui ne croient pas en la magie ne la rencontreront jamais. »

Roald Dahl
Écrivain

Un miracle, c'est ce qui se produit quand j'ose croire que je mérite de recevoir tout ce que la vie me réserve de bon. Un miracle, c'est ce qui se produit quand tu oses croire que tu es capable d'obtenir beaucoup plus que ce que ton mental veut bien comprendre. Nous sommes tous des êtres grandioses. Nous avons été créés à l'image de Dieu. À son image.

Jésus a dit :

« Si seulement vous aviez la foi, fût-elle aussi petite qu'une graine de moutarde, vous pourriez dire à cette montagne : "Déplace-toi", et la montagne se déplacerait. Rien ne serait impossible. »

Matthieu 17,20

Peu de gens, de nos jours, ont réussi à digérer cette graine de moutarde.

Pourtant, comme nous le verrons dans ce livre, nul besoin de tout comprendre pour croire. Il faut visualiser et sentir. C'est ça, la clé. Comment le miracle va se produire, ce ne sont ni tes affaires ni les miennes.

MIRACLE, du lat. *miraculum* « prodige », dans son sens chrétien ; de *mirari* « s'étonner ».

1. (V. 1050). Fait extraordinaire où l'on croit reconnaître une intervention divine bienveillante, auquel on confère une signification spirituelle.

2. (V. 1265). Chose étonnante et admirable qui se produit contre toute attente.

Le Grand Robert de la langue française

La foi voit l'invisible, croit l'incroyable
et reçoit l'impossible.

« La foi, donc, est la certitude de ce en quoi l'on croit, la conviction de ce que l'on ne voit pas. »

Hébreux, 11,1

MARCHER SUR LE FEU

Pendant des milliers d'années, des personnes de cultures différentes et dans des endroits divers du globe ont marché sur des braises d'une température de plus de 500 degrés sans se brûler.

Les incrédules qui ont traversé le feu pour vérifier qu'ils se brûleraient se sont brûlés. Quant à ceux qui l'ont traversé en se pensant capables de le faire sans se brûler l'ont traversé sans se brûler.

Le résultat est toujours le même. Ceux qui s'attendent à se brûler se brûlent. Ceux qui pensent ne pas se brûler ne se brûlent pas.

La foi est l'élément le plus important. Ce qui rejoint le principe clé de la physique quantique: «L'observateur est celui qui crée la réalité.»

La première fois que j'ai marché sur des braises, c'était en novembre 2013. Je m'étais dit que mon corps ferait le nécessaire pour me protéger, et je ne me suis pas brûlée. Aucun de ceux qui ont marché sur des braises ce jour-là ne s'est brûlé.

De nos jours, marcher sur les braises est une technique qui permet de mettre au défi nos systèmes de croyances limitantes afin de surmonter nos peurs et nous rendre compte que nous pouvons faire beaucoup plus que ce qu'on nous a laissé croire.

Quoi qu'il en soit, c'est une discipline à ne pas prendre à la légère. Si tu veux essayer, il y a des séminaires spécifiques, dits de *firewalking*.

La foi, dans ce cas, ne peut pas se mesurer sur une échelle de 1 à 100. On l'a ou on ne l'a pas. Il n'y a pas de demi-mesure.

MARCHER SUR LA GLACE

La tribu bakhtiari est une tribu nomade de Perse (Iran). Pendant des millénaires, deux fois par an, ils traversaient des fleuves gelés et des montagnes couvertes de glaciers à la recherche de pâturages.

Ces quelque cinquante mille personnes, accompagnées de leurs troupeaux de brebis, vaches et chèvres, n'ont eu aucun contact avec le monde moderne avant les années 1920.

Cette tribu creusait un chemin dans la glace et la neige à travers le Kuh-e Kard, à 4000 mètres d'altitude, pour traverser les montagnes.

Les Bakhtiari avaient ceci de particulier qu'ils se lançaient dans cette expédition pieds nus sur la glace et la neige. Oui. Pieds nus, tous les ans, ils parcouraient plus de 4,5 kilomètres sur la glace et la neige.

Nous, en revanche, nous avons été programmés pour croire que lorsque le froid et la pluie de l'hiver arrivent, nous allons nous enrhumer et attraper la grippe. On nous a fait croire que nous sommes beaucoup plus fragiles et vulnérables que nous ne le sommes en réalité.

Ces croyances, comme la plupart, se sont installées dans notre mental et gouvernent nos vies sans que nous en soyons conscients et sans que nous les remettions en cause une seule seconde.

LA VIE SE MANIFESTE DANS TOUTE SA SPLENDEUR UNE FOIS QUE NOUS AVONS ÉLIMINÉ LES MURS QUI NOUS SÉPARENT

Il y a quelques années, l'histoire de Kyrie et Brielle Jackson a fait le tour du monde. Ces jumelles sont nées le 17 octobre 1995, deux semaines avant terme, au Memorial Hospital, dans le Massachusetts, aux États-Unis.

Kyrie a été la première à naître. Elle pesait 900 grammes et peu à peu elle a pris des forces. Quant à Brielle, elle pesait 80 grammes de moins et son état de santé se dégradait de jour en jour. Elle souffrait de problèmes respiratoires, cardiaques et son taux d'oxygène était bas. On craignait pour sa vie.

C'est alors que l'infirmière en charge de la surveillance des couveuses, Gayle Kasparian, a eu un geste qui a changé le cours d'événements qui semblaient pourtant inévitables. Passant outre les normes imposées par l'hôpital, et après que les parents des deux petites eurent donné leur aval, elle a sorti Brielle de sa couveuse pour la coucher auprès de sa sœur.

Quand les portes de la chambre se furent refermées, Kyrie a passé son bras autour de Brielle et un miracle a eu lieu. En quelques heures, le rythme cardiaque et l'oxygénation du sang de Brielle étaient revenus à la normale, et les jours suivants, elle a commencé à prendre du poids.

Cette merveilleuse histoire s'est reproduite le 25 juillet 2012, à Tucumán, avec Zamira et Morena Guadalupe.

L'amour est la force la plus puissante qui soit ;
elle guérit tout.

L'amour vit en chacun de nous. Cette histoire continue de faire le tour du monde. Il y a des étreintes qui sauvent des vies.

Alors, tu doutes encore de notre potentiel et du pouvoir guérisseur de l'amour ?

**LES MIRACLES SE PRODUISENT
QUAND TU ES PRÊT À LES ACCUEILLIR.
TOUT ARRIVE QUAND ON EST DISPOSÉ À L'ACCUEILLIR.**

3

TU N'ES PAS CELUI QUE TU CROIS

MENTAL ET CORPS

« TU N'ES PAS CE QUE TON CERVEAU PENSE. SI JE N'AIME PAS QUELQU'UN, C'EST À CAUSE DE MES IDÉES. ET CE SONT CES IDÉES QUI M'EMPÊCHENT D'ÊTRE TOUT À FAIT HEUREUX. »

Sergi Torres
Auteur et conférencier

Sergi m'a fait comprendre que nous sommes comme des petits chiens qui courent après une balle. Et la baballe, ce sont nos pensées, que nous poursuivons.

Nous passons une grande partie de notre vie à chercher en dehors de nous-même ce qui est déjà en nous. Nous passons une grande partie de notre vie à avoir des avis, à juger, voire critiquer.

Nous avons un avis sur tout, tout le temps, sur nous-même et sur notre entourage. Notre mental étiquette tout. Il adore classer les expériences, les personnes. Avoir un avis, étiqueter, classer... Si nous voyons A, alors B va se produire.

Notre mental voyage constamment du passé vers le futur. Si je vois ceci, alors ça signifie cela. Si je fais ceci, alors il va m'arriver cela.

La mission de notre mental est de nous protéger. C'est pour cette raison qu'il adore absorber de l'information et la classer. Et cette information que nous recevons, il l'automatise pour optimiser la vitesse de réaction. Nous sommes capables de réagir en un millième de seconde.

Grâce à cela, nous avons des actes réflexes et pouvons faire plusieurs choses à la fois.

Nous sommes capables de conduire tout en écoutant de la musique, en discutant, ou tout simplement en étant plongés dans nos pensées. Pour la bonne et simple raison que notre esprit subconscient a automatisé la conduite.

Le mental se base sur l'expérience et, en fonction de celle-ci, il anticipe le futur pour te prévenir de ce qu'il va t'arriver selon ce qu'il s'est produit auparavant.

Il a un potentiel incroyable, c'est le moteur le plus puissant que l'on puisse imaginer, c'est le GPS de notre vie. Pourtant, notre subconscient ne raisonne pas, il ne distingue pas ce qui est réel de ce qui ne l'est pas. C'est un disque dur qui emmagasine des expériences et automatise les réponses. Rien d'autre.

Une chose est sûre, il a des haut-parleurs et des amplis hyper-puissants. Il parle sans arrêt, à voix haute et claire, et il est si convaincant que tu as beau savoir que ce n'est qu'un enregistreur d'expériences, généralement tu crois ce qu'il te dit.

Tu peux faire un test, si tu veux. Si tous les jours tu répètes cent fois : « Je suis capable de réussir tout ce que je veux entreprendre », tu finiras par le croire et t'estimer en mesure de réussir tout ce que tu entreprends.

De même, plus on est critique envers soi, plus on se persuade des propos négatifs que l'on tient. Tu ne t'es jamais surpris en train de t'adresser à toi en ces termes : « Mais qu'est-ce que je suis bête ! » ?

D'où la nécessité d'être attentif aux mots que l'on se destine et de troquer les marques de mépris pour des paroles plus douces. Car plus tu te répètes quelque chose, plus tu y crois.

C'est ainsi que nous avons fait notre apprentissage : à force d'entendre le même refrain durant des années. Et c'est ainsi que s'est bâti ton système de croyances.

Eh bien, tout ce que tu penses de toi n'est rien d'autre que ce que tu as vu et entendu tout au long de ta vie.

La première opinion que nous avons de nous-même s'appuie sur ce que nous avons entendu durant notre enfance. Et elle s'est renforcée avec les expériences que nous avons connues au fil des ans, lesquelles ont toujours été conditionnées par l'information initiale.

Nous nous déplaçons avec le pilote automatique, selon des schémas dont nous avons hérité et appris de façon automatique sans même les remettre en question.

**TU N'ES PAS CE QUE TU PENSES ÊTRE.
TU PENSES CE QUE TE DICTENT TES CROYANCES.
TU VIS, PENSES, RESSENS ET AGIS SELON
UNE PROGRAMMATION DONT TU AS HÉRITÉ,
MAIS <u>TU</u> ES BIEN PLUS QU'UN PROGRAMME DU MENTAL.**

Seulement, tant que tu t'accrocheras à tes croyances et que tu n'ouvriras pas ton esprit, tu ne pourras pas sortir de ce cercle vicieux.

Inconsciemment, **notre mental a toujours un avis** sur ce que nous voyons et entendons. Il nous mène à un état émotionnel et cette émotion déclenche une réaction. Et en fonction de nos actes, nous obtenons tel ou tel résultat.

Les schémas comportementaux se transmettent de parent à enfant, de génération à génération, et la plupart du temps nous n'en sommes pas conscients.

Seule une petite partie, 2 %, se transmet génétiquement. Le reste, nous l'apprenons dans l'enfance à travers ce que nous voyons, entendons, vivons.

Par conséquent, il est très important que tu sois conscient que **tu n'es pas ce que tu as vu et entendu. Tu es en mesure de choisir celui que tu veux être**, quel comportement tu veux adopter, et quel comportement ou pensée tu veux bannir.

L'amour, la peur, la générosité, l'égoïsme, la confiance, la méfiance, l'optimisme, le pessimisme : autant de comportements que nous pouvons choisir d'adopter ou de rejeter.

Parfois, certaines personnes se sentent prises au piège dans une histoire, elles se considèrent comme des victimes incapables de réagir, et elles ne se rendent pas compte que **cette histoire, elles peuvent la changer**. Elles n'ont pas conscience que ce sont elles, et seulement elles, qui ont le pouvoir de changer cette histoire en modifiant leur manière de penser.

Toi seul as le pouvoir de choisir ton attitude, ton approche, ton point de vue, ta façon de voir les choses. Et c'est cela qui, inévitablement, déterminera tes actes, les résultats que tu obtiendras et, en fin de compte, ton histoire. L'histoire de ta vie n'est pas écrite.

Tu en es l'auteur. Peu importe ce que tu as vécu, le passé ne te définit pas. Tout ce qui compte, c'est qu'à partir de maintenant tu peux écrire ton futur.

Et pour ça, il est indispensable de savoir te dissocier de l'opinion de ton mental, de tes pensées. Ton mental est un des instruments les plus puissants que tu possèdes, **mais jamais ton mental ne pourra être davantage que toi**. Il est une partie de toi, or une partie ne peut jamais être plus que le tout. Même si c'est toi qui l'as créé, même s'il fait beaucoup de bruit, il ne peut être davantage que toi.

Tu es au-dessus de lui, et c'est pourquoi tu peux modifier l'opinion qu'il a de toi. C'est **toi** qui décides. Sauf si tu laisses à d'autres le soin de forger ton opinion.

Notre cerveau émet sans cesse des généralisations. Il ne faut pas y voir de la méchanceté : c'est plutôt une question d'économie d'énergie.

Dans la nature, chaque élément cherche le meilleur rendement énergétique, c'est-à-dire, à gaspiller le moins d'énergie possible. C'est pour cela que notre cerveau génère et automatise des réactions. Pour te protéger en dépensant le moins d'énergie possible. Pour ce faire, il trace des autoroutes qui associent des stimuli et des réactions. Si le ciel est nuageux, je prends mon parapluie en pensant qu'il va pleuvoir. En réalité, ton mental ne sait pas s'il va pleuvoir. Mais il te met en condition et te fait sentir qu'il va pleuvoir.

Si tu as eu une mauvaise expérience avec un commerçant ou si, dans ton enfance, on t'a dit que le commerce est une mauvaise chose et que tu te feras arnaquer à coup sûr, tu es prédéterminé à éprouver de la gêne chaque fois que tu seras en position d'acheteur ou de vendeur. Alors qu'il ne s'agit que de simples croyances.

C'est également ce qu'il se produit avec l'opinion que l'on a d'autrui. Notre opinion est générée de façon automatique, elle repose sur des pensées ancrées dans notre mental.

Nous percevons les autres en fonction des expériences que nous avons vécues. Nous produisons des associations d'idées, nous interprétons ce que nous voyons et nous y croyons comme si c'était vrai. Alors qu'en réalité, ce que nous ressentons a été généré par nos pensées, nos croyances.

Ainsi, quand tu te sens blessé par quelqu'un, ce n'est pas cette personne qui te fait du mal, mais ce que ton mental pense ou ce que tu interprètes en la voyant. C'est le filtre de tes pensées qui génère cette émotion.

Pourquoi deux personnes réagiront différemment à la même situation ?

Parce que chacun considère cette situation selon son propre point de vue. Et en fonction de celui-ci, on aura tel ou tel ressenti, telle ou telle réaction.

Chacun perçoit la réalité selon son propre point de vue et personne ne peut savoir ce que l'autre est en train de vivre ou de ressentir exactement.

Chacun tient ce qu'il perçoit pour vrai, car c'est ainsi qu'il le ressent selon ce qu'il pense, ce qu'il a vécu ou reçu.

Il y a donc autant de réalités que d'êtres humains. Chacun perçoit la réalité selon son point de vue. Chaque être que nous rencontrons livre son grand combat. Chaque être que nous rencontrons essaie d'être heureux, d'aller de l'avant, d'apprendre, de se surpasser.

Et puisque personne ne peut savoir ce qui existe en chacun, qui suis-je pour juger les autres ? Qui suis-je pour critiquer les autres ? Qui suis-je pour deviner ce qui se produit à l'intérieur d'autrui ? D'ailleurs, est-ce que je suis dans sa tête ? Est-ce que je peux ressentir exactement ce qu'il ressent ?

Je vais même aller plus loin, quitte à en irriter plus d'un : pourquoi crois-tu que certains sont agressifs au point de tuer ? T'es-tu déjà demandé ce qui peut conduire à commettre de pareilles aberrations ? Que ressent-on pour en arriver à de tels extrêmes ?

Je sais à quel point il est difficile de pardonner et de comprendre quelqu'un qui fait preuve de violence. Pourtant, ce sont des gens qui ont besoin de beaucoup d'amour, de compassion et de l'aide d'un professionnel.

La violence est une réponse au manque d'amour. Cette personne a peut-être été maltraitée durant son enfance ou n'a eu aucun modèle d'amour à suivre. Si la peur, la douleur et l'absence d'amour sont mal gérées, on peut en venir à perdre le contrôle et à ne plus être soi-même.

Seul Dieu, l'univers, la vie, la cinquième dimension, appelle cela comme tu voudras, a accès à ce que chacun pense, perçoit et ressent.

Personne n'a le droit de juger qui que ce soit, parce que personne ne peut être à l'intérieur de l'autre.

Chaque être humain vit plongé dans son film, dans ses circonstances. Chaque être humain a ses propres rêves, ses carences, ses désirs, ses peurs, ses raisons.

Tous, nous apprenons, nous expérimentons. Chacun suit son processus.

C'est une notion clé pour aller de l'avant.

Comment notre façon de penser affecte-t-elle notre vie ?

4

DÉCOUVRE TON POUVOIR

QUI EST AUX COMMANDES ? MENTAL ET CŒUR. PENSÉES ET ÉMOTIONS

« PARVENIR À COMPRENDRE LA NATURE DE L'ESPRIT, COMMENT IL NOUS INFLUENCE ET OÙ IL SE TROUVE : VOILÀ QUI NOUS OFFRE LA CHANCE INOUÏE DE PRENDRE CONSCIENCE DE NOS VÉRITABLES POUVOIRS. »

Bruce H. Lipton

« Quoi que tu rêves d'entreprendre, commence-le. L'audace a du génie, du pouvoir et de la magie ! »

Johann Wolfgang von Goethe

Avant de poursuivre, clarifions quelques concepts…

LES CROYANCES, QU'EST-CE QUE C'EST ?

Les croyances sont nos conditionnements internes. Ce que notre mental, à un moment donné, a enregistré comme s'il s'agissait « d'évidences qui n'ont pas besoin d'être démontrées », alors qu'en réalité il ne s'agit pas d'évidences à proprement parler.

Les croyances sont le fruit de l'apprentissage de toute une vie. Tout ce qui se produit au quotidien et nos réactions face à ces événements (notre expérience) vont programmer notre façon de penser.

QU'EST-CE QU'UNE PENSÉE ?

Une pensée est une impulsion électrique qui se génère automatiquement en réponse à un stimulus externe ou interne.

Le cerveau associe les stimuli externes à une ou plusieurs croyances. Et en fonction de ces croyances, telle ou telle pensée émergera.

LES ÉMOTIONS, QU'EST-CE QUE C'EST ?

L'émotion est la réponse à une pensée. Chaque pensée déclenche en nous une émotion, une impulsion.

LES SENTIMENTS, QU'EST-CE QUE C'EST ?

Quand nous associons une émotion à une pensée, nous générons un sentiment.

QUI DIRIGE NOTRE NAVIRE ?

La mission de notre mental est de nous protéger. Nous avons été programmés pour pouvoir survivre dans la savane africaine. Lorsque nous sommes confrontés au danger, nous réagissons au dixième de seconde grâce à l'incroyable potentiel de notre esprit subconscient.

Selon certaines études scientifiques, notre esprit conscient ne contrôle que 5 % de notre vie. Les 95 % restants, c'est notre subconscient qui les gouverne de façon automatique.

Nos expériences, sous forme de stimuli-réactions, s'emmagasinent dans notre subconscient et automatisent nos réactions. Le problème, c'est que le subconscient n'a pas de discernement, il se contente de stocker. Il est le GPS de notre comportement.

Chacun, depuis sa naissance, absorbe tout ce qu'il entend et observe autour de lui. Toutes ces informations restent gravées dans notre subconscient qui les tient pour des vérités absolues, surtout durant les sept premières années de notre vie. Les enfants assimilent alors des schémas de comportement qu'inconsciemment ils vont reproduire toute leur vie, à moins qu'ils ne s'arrêtent pour réexaminer les comportements qui sont gravés dans leur subconscient.

Tout le restant de notre vie, nous renforçons ces schémas que nous avons intégrés inconsciemment, avec notre expérience, et nous intégrons également de nouvelles expériences.

C'est pour cette raison qu'il est si important de réexaminer les informations et comportements que nous avons enregistrés dans notre subconscient, et de remplacer ceux qui nous limitent, qui nous font du mal et nous empêchent de nous comporter comme nous aimerions vraiment le faire.

Notre subconscient ne veut prendre aucun risque. Sa mission est de nous protéger. Il ne s'appuie que sur sa propre expérience. Par exemple, si, enfant, tu as eu une mauvaise expérience à la mer qui a déclenché une peur de l'eau, cette peur restera gravée dans ton mental de sorte que plus jamais tu ne t'approcheras de l'eau.

Si un enfant, dans ses premières années, entend en permanence : « Tu ne peux pas faire ça », « Ne fais pas ça », « Tu vas tomber », « Petit, ne dis pas de bêtises », etc., il est probable qu'adulte, chaque fois qu'il voudra entreprendre quelque chose de nouveau, son mental lui dira : « Tu ne peux pas faire ça », « Ne le fais pas », « Tu vas le payer », « Ne dis pas de bêtises ».

D'où l'importance d'ouvrir notre esprit et de réexaminer les informations gravées dans notre subconscient – souvent erronées, car au moment où nous les avons enregistrées, nous n'étions pas capables d'analyser ce que nous voyions ou entendions. Et de remplacer celles qui nous portent préjudice, qui nous limitent ou qui nous empêchent de nous comporter comme nous le souhaiterions et de faire ce que nous aimerions vraiment faire.

Il est également important que tu sois conscient du pouvoir immense de tes paroles sur ceux qui t'écoutent, surtout si ce sont des enfants.

Je parle toujours de « responsables », et non de « coupables ».

Nous sommes responsables de l'immense influence que nous exerçons autour de nous.

On ne peut pas parler de culpabilité si on part du principe que chacun donne ce qu'il a à donner, ce qu'il possède de meilleur. Parce qu'**on ne peut pas donner ce que l'on ne possède pas**.

Si tu ne sais pas que tu exerces une influence considérable dans la vie des autres, on ne peut pas te considérer comme coupable, car tu as agi sans savoir.

C'est pour cela que j'estime qu'aucun père n'est coupable et, en même temps, que tous sont responsables de ce qu'ils transmettent à leurs enfants quotidiennement.

Si un père ne donne pas beaucoup d'amour à son fils, c'est peut-être parce que ce père, à son tour, n'a pas reçu d'amour, et qu'il ne peut ou ne sait en donner. En effet, il est impossible de manifester un sentiment que l'on ne connaît pas, il est impossible de transmettre quelque chose que l'on n'a pas reçu.

À ce stade, nous sommes tous responsables de ce que nous donnons et de ce que nous ne donnons pas. Si quelqu'un ne te donne pas l'amour que tu attends de lui, ne le juge pas, peut-être qu'il ne sait tout simplement pas comment faire.

TOUT CE QUE TU AS ÉTÉ CAPABLE DE RÉUSSIR FACILEMENT DANS TA VIE, C'EST CE POUR QUOI TU AS ÉTÉ PROGRAMMÉ DURANT TON ENFANCE. TOUT CE QUE TU AS DU MAL À RÉUSSIR OU QUE TU N'AS TOUJOURS PAS RÉUSSI, C'EST CE POUR QUOI TU N'AS PAS ÉTÉ PROGRAMMÉ.

Qu'est-ce que cela signifie ? C'est très simple. Prenons un exemple. Si, enfant, on t'a inculqué des principes tels que « Les riches sont avares », « L'argent corrompt les êtres humains», «Les riches exploitent les pauvres», ou «Gagner de l'argent, c'est difficile», plus tard, tu auras beau déployer tous les efforts possibles et inimaginables pour devenir riche, tu peineras à gagner de l'argent.

Pourquoi ? te demandes-tu. Parce que tu as été programmé ainsi, sans le savoir, ou peut-être sans que tes parents ou ceux qui t'ont éduqué en aient eu conscience.

La mission de notre esprit subconscient est de nous protéger. Son pouvoir est des milliards de fois supérieur au pouvoir de l'esprit conscient.

Ton esprit **conscient** tourne à environ 40 octets par seconde, alors que ton esprit **subconscient** tourne à environ 40 millions d'octets par seconde.

Et tu auras beau prétendre réussir quelque chose consciemment, si dans ton esprit subconscient il y a un contrordre, à ton avis qui va gagner ?

« Nous sommes le résultat de nos pensées. »

Bouddha

Si tu veux devenir riche et être quelqu'un de bien, mais que dans ton subconscient une archive dit «riche = mauvaise personne», tu peux être sûr que ton mental ne va pas te laisser devenir une mauvaise personne.

C'est pour cela que certains gagnent beaucoup d'argent mais ne parviennent pas à en mettre de côté : inconsciemment, ils font en sorte de tout dépenser. Tout simplement parce que leur mental veut les protéger.

Le subconscient n'a pas de discernement, il fonctionne de manière automatique. Il prend les choses au pied de la lettre, comme un enfant de 5 ans. Comme lorsque tu conduis. Tu peux conduire et faire plusieurs choses en même temps sans trop avoir à te concentrer sur la conduite, car tu l'as automatisée.

IL EST TEMPS DE REPENSER LE SYSTÈME ÉDUCATIF

Dans l'un des projets que je suis en train de développer, je travaille avec des adolescents de 12 à 15 ans qui ont besoin de soutien scolaire. Dans 90 % des cas, ils ont surtout besoin de soutien émotionnel. Ces adolescents pourraient avoir de bons résultats, car ils n'ont aucun problème de compréhension. C'est juste qu'ils n'ont pas envie d'aller au collège et ne voient pas pour quelle raison ils doivent y aller.

Souvent, ils me demandent pourquoi ils doivent apprendre tout ça. Je suis de leur avis, d'autant que je suis consciente qu'ils ont davantage besoin d'apprendre à gérer leurs émotions que d'apprendre par cœur des dates et des noms de bataille.

Je vois bien qu'ils ont besoin de comprendre et d'être reconnus. Qu'on s'intéresse à eux et qu'on leur explique tout ce qui, pour eux, n'a aucun sens. Ce sont des adolescents en quête de modèles, de schémas de réussite à suivre.

Quel est le sens de ce que je fais ? Pour tout le monde, il est fondamental de comprendre le « pourquoi ? ». C'est la question clé qui permet de trouver la motivation.

Il est primordial d'éduquer les parents et les enseignants de manière à ce qu'ils deviennent des exemples et des modèles pour les enfants.

Si toi, adulte, tu as des difficultés à gérer tes émotions, à parler d'amour, si tu doutes de toi, si tu n'as jamais réexaminé tes croyances, il est important de commencer à le faire.

Par expérience, je peux te dire qu'il est beaucoup plus facile d'éduquer un enfant dès son plus jeune âge que de modifier les croyances d'un adulte.

Si les parents croient en eux-mêmes, ils transmettront cela à leurs enfants, et ces enfants seront ceux qui géreront le monde de demain d'une autre manière qu'il est géré aujourd'hui.

En ce moment, je rencontre beaucoup de gens qui n'ont pas assez confiance en eux. Qui sont en demande de reconnaissance et voient dans leurs semblables des rivaux, car dans le fond ils se sentent menacés. Ils redoutent qu'on leur retire ce qui leur appartient. Alors qu'en réalité personne ne fait de l'ombre à qui que ce soit. Personne ne va te retirer ce qui t'appartient. Croire qu'il n'y a pas assez de richesses pour tous est une autre croyance limitante dont nous avons hérité. Parce que tout le monde ne veut pas les mêmes choses.

Mais nous reviendrons plus tard sur ce point.

5

CE QU'ON NE T'A JAMAIS DIT

TOUT EST ÉNERGIE

« ON CRÉE SON PROPRE UNIVERS À MESURE QU'ON AVANCE. »

Winston Churchill
Premier ministre du Royaume-Uni de 1940 à 1945, puis de 1951 à 1955

– On les a mis au point pour des énergumènes comme nous, et pourtant, personne ne veut acheter d'ordinateur familial.
– Comment les gens peuvent-ils savoir ce qu'ils veulent s'ils ne savent même pas que ça existe ?

(Conversation qui s'est tenue en Californie, en 1974, entre Steve Wozniak et Steve Jobs, quand celui-ci eut l'idée de lancer le premier ordinateur familial.)

COMMENT POURRAIT-ON VOULOIR TRANSFORMER SA VIE SI ON IGNORE QU'ON PEUT LE FAIRE ?

Ma vie a complètement changé quand j'ai découvert que nous avions en chacun de nous un potentiel inimaginable, celui de transformer notre réalité et d'obtenir ce que nous désirons.

Tout ce que tu possèdes, et ce que tu ne possèdes pas, est le fruit de tes croyances, de ta façon de penser, de ce pour quoi tu as été programmé les premières années de ta vie.

Ta vie n'est rien d'autre que le reflet de ta façon de penser. Pas tant à un niveau conscient qu'à un niveau subconscient.

MAIS OÙ ONT-ILS CACHÉ LE BONHEUR ?

Un jour, les dieux se réunirent et décidèrent de créer l'homme et la femme ; comme ils avaient prévu de les faire à leur image, l'un d'eux dit : « Attendez une minute, si nous les créons à notre image, ils auront le même corps que nous, ils seront aussi forts et aussi intelligents que nous. Il faut que nous trouvions quelque chose qui les distingue de nous, sinon ce sera comme si nous créions de nouveaux dieux. Il faut que nous leur enlevions quelque chose… Que leur enlevons-nous ? »

Au bout d'un long temps de réflexion, l'un d'eux s'exprima :

« Je sais ! Nous allons leur enlever le bonheur. Mais il y a un problème : où allons-nous le cacher pour que jamais ils ne le trouvent ?

— Nous allons le cacher au sommet de la montagne la plus élevée du monde », proposa le premier.

À quoi un autre s'empressa de répliquer :

« Non ! Souviens-toi, nous leur avons donné la force. Un jour, quelqu'un parviendra à grimper à ce sommet et trouvera le bonheur, et si un seul le trouve, les autres sauront le trouver.

— Cachons-le sur une planète éloignée de la Terre », proposa un autre.

On lui répondit :

« Non, rappelle-toi, nous leur avons donné l'intelligence. Un jour, quelqu'un construira un vaisseau qui permettra de se rendre sur les autres planètes et il découvrira le bonheur. Et alors, ils seront heureux et nous ressembleront en tout point. »

Le dernier d'entre eux n'avait pas prononcé un seul mot. Il écoutait attentivement les propositions émises par chacun et les analysait en silence, un silence qu'il brisa en disant :

« Je crois savoir où il nous faut le cacher pour que jamais ils ne le trouvent. »

Ils manifestèrent à nouveau leur étonnement et lui demandèrent d'une seule voix :

« Où cela ?

— Nous allons le cacher en eux. Ils seront tellement occupés à le chercher en dehors d'eux que jamais ils ne le trouveront. »

Tous acquiescèrent. Et il en fut ainsi. L'homme, toute sa vie, cherche le bonheur sans savoir qu'il le porte en lui.

AUTEUR INCONNU

À QUEL MOMENT NOUS SOMMES-NOUS PERDUS ?

Nous nous sommes perdus le jour où nous avons rompu le lien avec notre nature et la connexion avec la divinité, avec notre source.

Nous y reviendrons en détail à la fin du chapitre. Avant cela, laisse-moi te faire part de quelques idées et expériences.

Voici les principales erreurs que nous commettons :

1. Nous laisser abuser par ce que perçoivent nos sens. Tous nos capteurs sont orientés vers l'extérieur, alors que c'est en nous que réside notre potentiel.

2. Nous laisser abuser par notre cerveau et penser que cet enregistrement est la vérité absolue. L'erreur est de croire que nous sommes notre mental et d'oublier que nous sommes davantage que cela.

La vie se génère de l'intérieur vers l'extérieur, et non l'inverse. Tu n'es pas victime des circonstances. Tu es un créateur de circonstances.

Mais commençons par le début.

L'ATOME

Que se passe-t-il quand nous observons un atome avec un microscope de haute définition ?

Les scientifiques nous l'assurent : on ne voit strictement **rien**. Les atomes sont constitués d'énergie invisible et non de matière tangible.

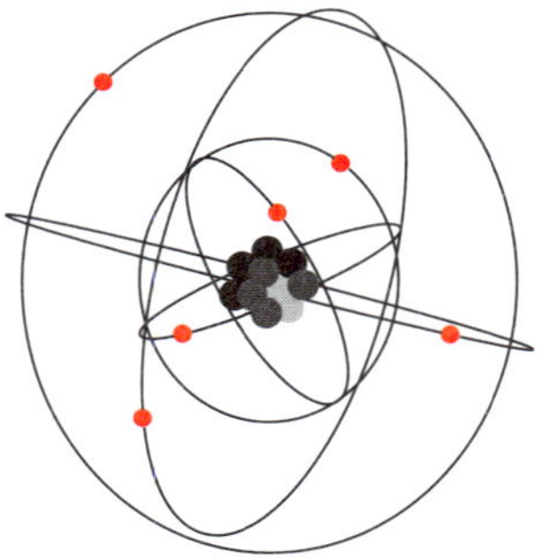

ATOME DE NEWTON   ATOME QUANTIQUE

En fait, tout est énergie. Ce que l'on voit et ce que l'on ne voit pas.

Tu as du mal à croire que les murs qui t'entourent puissent disparaître lorsqu'on les examine avec un microscope de haute définition, n'est-ce pas ? Moi aussi, j'ai eu du mal à le croire. L'univers quantique me semble encore une réalité un peu folle. Tu le vois et tu ne le vois pas. Et si c'est une chose de l'admettre, c'en est une autre de le comprendre. Nier son existence, c'est ne pas l'accepter. La comprendre et découvrir ses mystères constitue encore et toujours un défi.

Les physiciens quantiques ont découvert que les atomes physiques sont composés de vortex d'énergie qui tournent et vibrent constamment. Chaque atome irradie une énergie caractéristique. Par conséquent, chaque ensemble d'atomes irradie une énergie spécifique. Chaque structure matérielle, dans l'univers, toi y compris, tes vêtements, tout ce que tu possèdes, irradie une empreinte énergétique unique et caractéristique.

Einstein le disait déjà : matière et énergie sont une seule et même chose.

$$E = mc^2$$

L'énergie (*E*) est égale à la masse (*m*) multipliée par la vitesse de la lumière (*c*) au carré.

Ce qui signifie que tout, dans l'univers, vibre ; tout est énergie, tout émet une fréquence vibrationnelle caractéristique. Toi y compris.

La première fois que l'on m'a dit que chacun crée sa propre réalité, c'était il y a quelques années, lors d'une séance chez le psychologue que je consultais alors, Pedro Santamaría Pozo. Un des meilleurs psychologues que je connaisse, un ponte de la psychologie clinique, à la réputation internationale.

À la fin du cycle de séances, il m'a proposé de continuer de travailler avec moi comme entraîneur, c'est-à-dire comme coach. Connaître le fonctionnement du cerveau sur le plan neurologique et comprendre pourquoi nous adoptons chacun des comportements différents m'intéressaient de plus en plus.

Pedro a été mon premier entraîneur du mental. En fin de compte, c'est lui qui a entrepris de me former pour devenir une architecte des émotions. Nos séances mensuelles se sont peu à peu transformées en conversations autour des neurosciences, de la psychologie et de l'expérience.

À cette époque, je vivais une très belle histoire d'amour à distance. Comme dans les films.

Un jour, alors que je lui parlais de cette histoire, il m'a dit :

« Ça, c'est quelque chose que tu as créé.

— Quoi ? Qu'est-ce que tu veux dire par là ? je lui ai demandé, stupéfaite.

— En fait, tu as attiré cette personne dans ta vie.

— Comment c'est possible ? Nous vivons à plus de 1800 kilomètres de distance... »

Avec ce garçon, nous nous étions connus *via* un site Internet pour pratiquer les langues étrangères.

Les propos de Pedro m'ont laissée sans voix. Je ne m'attendais pas à ce que lui, précisément, un professionnel de la psychologie clinique, rigoureux, sérieux et réputé, me dise cela. Le plus surprenant, c'est qu'une part de moi avait l'intuition qu'il y avait du vrai là-dedans.

Ce jour-là, nous avons évoqué une expérience qui avait été menée à l'Institut HeartMath, en Californie. Je n'avais jamais entendu parler de cet organisme, des champs d'énergie sur un plan scientifique et de la capacité de l'être humain à attirer dans sa vie ce qu'il recherche (plus loin dans ce chapitre, j'expliquerai en quoi consistait cette expérience).

Plein de belles choses m'étaient arrivées en quelques mois et j'étais de plus en plus convaincue qu'il devait y avoir une explication. Presque tous mes désirs s'étaient réalisés. Sur le plan amoureux comme sur le plan matériel.

Je n'en revenais pas, parce que je recevais beaucoup plus que ce que je n'attendais. Je dois reconnaître qu'à cette époque j'étais encore très sceptique. Je ne savais rien de tout cela. D'où le choc que j'ai ressenti en entendant ces mots. C'était si fort que cela ouvrait plein de possibilités. Ce n'est que des années plus tard que j'ai compris.

J'avais attiré ce garçon dans ma vie. J'avais le pressentiment que j'allais le rencontrer, où qu'il se trouve. Encore mieux, je voulais rencontrer quelqu'un qui vivait en Europe centrale. Et c'est là-bas qu'il vivait.

Lui aussi me cherchait. D'ailleurs, quand nous nous sommes rencontrés, il m'a dit qu'il lisait un livre dans lequel les personnages s'étaient connus par le biais d'Internet, comme nous. Le plus drôle, c'est que l'histoire de ce livre ressemblait beaucoup à la nôtre.

Maintenant je sais que lui, inconsciemment, essayait d'attirer ce qu'il lisait dans ce livre. Et c'est à ce moment-là que j'ai fait mon apparition.

Laín m'a enseigné que **« les vibrations qui se ressemblent vibrent ensemble et s'attirent les unes les autres »**. Nous voulions tous les deux la même chose et la preuve en est que les 1800 kilomètres de distance ne nous ont pas empêchés de nous rencontrer.

Entre 1993 et 2000, plusieurs expériences réalisées dans des institutions académiques ont, selon Gregg Braden, ébranlé les fondations de tout ce que l'on croyait savoir en termes de physique et de fonctionnement du monde. Ces expérimentations démontrent que nous sommes connectés les uns aux autres grâce à un champ d'énergie.

Gregg Braden est actuellement l'un des premiers scientifiques « quantiques » à faire fusionner « science » et « spiritualité ». Il a travaillé en tant qu'expert en géologie numérique durant des années pour des entreprises comme Phillips Petroleum ou Cisco Systems, menant une brillante carrière de scientifique et d'expert en informatique, jusqu'au jour où il s'est rendu compte que **les plus anciennes traditions et les récentes découvertes scientifiques empruntaient indubitablement le même chemin**.

Dans son documentaire *La Science des miracles*, il évoque ces expériences.

La première expérience fut réalisée par le physicien quantique russe Vladimir Poponin au début des années 1990 aux États-Unis.

Poponin voulait étudier la relation entre l'ADN humain et les photons. L'expérience consistait à vider totalement un tube de verre en en sortant tout l'air et en créant un vide à l'intérieur. Alors qu'on sait qu'il peut y rester de petites particules de lumière (photons).

Poponin a examiné la répartition des photons dans le tube et elle était aléatoire, comme on pouvait s'y attendre.

La deuxième phase de l'expérience, en revanche, réserva davantage de surprises. Il introduisit un échantillon d'ADN (des cellules) dans le récipient et l'on examina à nouveau la répartition des photons : ces derniers étaient alignés avec la chaîne ADN. L'ADN produisait un effet sur les particules qui composent notre monde !

L'étape suivante de l'expérience donna des résultats encore plus surprenants. L'échantillon d'ADN introduit fut retiré et l'on examina à nouveau la répartition des photons. On s'attendait, en retirant l'ADN, à ce que les photons se répartissent à nouveau de manière aléatoire. Et pourtant, on constata tout à fait autre chose. Les photons étaient toujours alignés, alors que l'ADN avait disparu.

Comment était-ce possible ? Rien, dans la physique classique, ne pouvait expliquer ce comportement. Cette expérience reçut le nom d'« ADN fantôme ».

Cette expérience nous indique ceci : notre ADN communique avec l'environnement, avec les particules qui constituent notre monde, et est capable de les transformer.

La deuxième expérience fut réalisée avec des militaires, qui prélevèrent de l'ADN humain d'un échantillon de peau provenant de la bouche de plusieurs donneurs volontaires. Ces échantillons d'ADN furent placés dans une pièce équipée de tout un appareillage de mesure qui permettait d'évaluer leurs variations électriques.

Les donneurs furent quant à eux placés dans une autre pièce du bâtiment et soumis à des stimuli émotionnels *via* des vidéos qui déclenchaient différents types d'émotion : joie, tristesse, peur, agacement, colère, etc.

ADN et donneurs furent monitorés. On remarqua que lorsque le donneur montrait des pics et des chutes émotionnels (mesurés en ondes électriques), l'ADN enregistrait des réponses identiques au même moment.

Les pics et chutes de l'ADN coïncidaient exactement avec les montées et descentes du donneur.

La première fois que cette expérience fut réalisée, les deux pièces étaient distantes de 20 mètres l'une de l'autre. On refit l'expérience en éloignant davantage les donneurs et les échantillons – les militaires voulaient savoir quelle distance maximale on pouvait mettre entre le donneur et son ADN sans que le résultat change. Lorsqu'ils eurent constaté le même résultat à une distance de 80 kilomètres, sans délai ni retard de transmission, ils stoppèrent là leurs essais.

Selon la physique classique, il n'y a aucune connexion entre l'ADN et son donneur, mais cette expérience prouve exactement le contraire. On a observé que tandis que le donneur enregistrait des pics émotionnels dans une pièce, l'ADN enregistrait les mêmes valeurs dans une autre pièce exactement au même instant.

Cette expérience prouve que l'énergie n'est pas locale, car elle agit simultanément dans deux endroits différents sans aucun décalage temporel. Elle existe partout et tout le temps.

Cela prouve également que notre ADN est relié à nos émotions, qu'il se trouve à l'intérieur ou à l'extérieur de nous. Les cellules vivantes se reconnaissent entre elles grâce à une forme d'énergie ignorée jusqu'ici.

La troisième expérience, réalisée par l'Institut HeartMath en Californie, démontra que le cœur humain est davantage qu'un simple organe qui envoie du sang à notre corps.

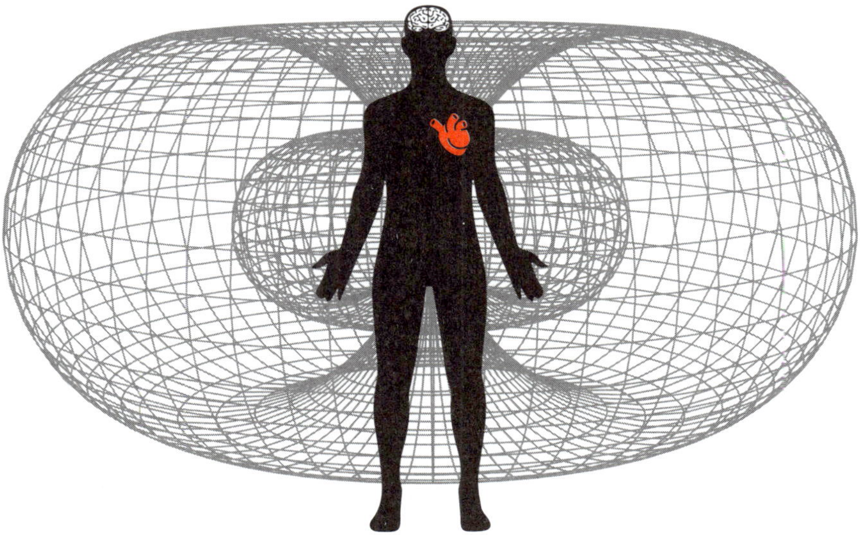

Ils découvrirent que notre cœur est l'organe le plus magnétique de notre corps et l'un des organes qui génère le plus d'électricité. Le champ électromagnétique qui se produit s'étend bien au-delà de notre corps physique.

Avant cela, ils avaient découvert l'existence d'un champ énergétique en forme de tore autour du cœur humain, s'étendant entre 1,5 et 2,5 mètres.

Lors de cette expérience, un échantillon d'ADN fut prélevé sur un placenta humain (la forme la plus primitive de l'ADN) et placé dans un récipient afin de mesurer son évolution. Vingt-huit tubes à essai furent confiés à autant de chercheurs préparés pour l'occasion. Chacun d'entre eux avait été entraîné à générer et **ressentir** des émotions fortes.

On s'aperçut alors que **l'ADN changeait de forme** en fonction des sentiments éprouvés par les chercheurs.

1. Lorsque les chercheurs ressentaient de la gratitude, de l'amour et de l'estime, l'ADN **se détendait** et s'étirait. L'ADN devenait plus grand. Et, ainsi que nous l'ont démontré d'autres expériences, lorsque l'ADN se détend et s'étend, cela renforce le système immunitaire. Car ce relâchement permet l'activation d'un nombre plus important de sections de notre ADN, comme s'il s'agissait d'interrupteurs.

2. Au contraire, lorsque les chercheurs **ressentaient** de la colère, étaient stressés ou avaient peur, l'ADN répondait en se comprimant. Il se raccourcissait, et les interrupteurs ne pouvaient pas s'actionner. **Il éteignait** une bonne partie des signaux.

Aujourd'hui, nous savons que lorsqu'une personne a peur ou qu'elle est en colère, certaines parties du corps s'affaiblissent.

As-tu déjà remarqué qu'après une dispute, après avoir été stressé un certain temps ou simplement contrarié, tu te sentais à bout de forces, comme si tu n'avais plus de batteries ?

Et qu'à l'inverse, lorsque tu es content, motivé ou heureux, tu débordes d'énergie et de vitalité ? Maintenant, tu en connais la raison.

Cette expérience prouve que nos émotions et nos sentiments ont le pouvoir, la faculté de transformer notre ADN. Tu te rends compte de ce que cela signifie ?

Cela signifie que nous avons la possibilité de renforcer notre système immunitaire en choisissant nos émotions et que nous avons le pouvoir de transformer notre ADN en nous concentrant sur certains états émotionnels.

Nous pouvons déduire des résultats de ces trois expériences que, d'une part, nous avons tous un pouvoir qui n'est pas soumis aux lois de la physique, et d'autre part, nos émotions, pensées, croyances et prières transcendent les limites spatio-temporelles telles que nous les connaissons aujourd'hui.

D'AUTRES EXPÉRIENCES ÉTONNANTES

En 1972, une expérience a été menée dans le but de démontrer le pouvoir de l'intention et de constater ce qui se produit lorsque nous unissons nos sentiments. Cent personnes, provenant de vingt-quatre villes des États-Unis d'environ dix mille habitants, y ont participé.

Cette expérience consistait à « entraîner » ces candidats à des techniques de méditation afin qu'ils puissent accéder à l'état de paix intérieure durant un certain temps.

On lui donna le nom d'« effet Maharishi », en l'honneur du Maharishi Mahesh Yogi. Selon lui, si seulement 1% de la population d'un lieu quelconque pratiquait ce type de méditation, on verrait chuter le taux de criminalité et de violence.

Ce fut un succès. Dans les villes où l'on pratiquait cette méditation, on a constaté une baisse du taux de criminalité, des violences en général et des accidents de la circulation. Dans certaines villes comme Chicago, au moment où était réalisée cette expérience, les actions ont grimpé en Bourse.

Et lorsque l'expérience prit fin, toutes ces tendances se sont inversées.

Quelques années plus tard, l'expérience fut renouvelée, mais à plus grande échelle. Consignée dans le *Journal of Conflict Resolution* en 1988, elle reçut le nom de « Projet international de paix au Moyen-Orient ».

L'expérience fut menée en plein conflit libano-israélien. À la différence de ce qui se produisit aux États-Unis, les participants furent entraînés à éprouver un sentiment de paix dans tous les domaines de leur vie (physique, mental, émotionnel, énergétique/spirituel).

À l'issue de cet entraînement, on les envoya dans les zones de conflit les plus sensibles, et ce à certaines heures et certains jours du mois.

Alors que ces personnes invoquaient ce sentiment de paix, les actes terroristes diminuaient jusqu'à cesser totalement, et les services d'urgences dans les hôpitaux connaissaient une baisse d'activité.

Les résultats furent étonnants. Même si on en ignorait la cause. Ce qui fut vérifié, en revanche, c'est que lorsqu'un certain nombre de personnes éprouvent un sentiment de paix, les effets se propagent au-delà de leur corps et du lieu où elles se trouvent.

L'étude était si précise que l'on a pu déterminer le nombre de personnes nécessaires pour que cet effet puisse se produire.

L'effectif minimum est la racine carrée de 1% de la population concernée. Ainsi, dans une ville d'un million d'habitants, cent personnes suffiraient pour parvenir à ce résultat.

Pour une population mondiale de 7,2 milliards de personnes, il suffirait que 8 486 personnes ressentent la paix en leur cœur pour générer cet élan qui relie la conscience au champ d'énergie universelle. Afin que, grâce à ce champ énergétique, le monde entier connaisse la paix.

MASARU EMOTO ET LES MESSAGES DE L'EAU

Masaru Emoto est un scientifique japonais, président de l'institut IHM de Tokyo, mondialement connu pour ses expériences et son livre *Les Messages cachés de l'eau*.

En 1994, Masaru a congelé des molécules d'eau provenant de différents endroits. Il a ensuite exposé ces échantillons d'eau congelée à des pensées, des mots, de la musique, et photographié les modifications de la structure moléculaire de l'eau en fonction des pensées ou de la musique à laquelle celle-ci était exposée.

Les échantillons étaient congelés à –25 degrés. Lors de ce processus, toutes les eaux analysées ne formaient pas de cristaux. Par exemple, l'eau courante de Tokyo n'en formait pas. En revanche, les échantillons provenant d'un ruisseau du mont Fuji généraient de très beaux cristaux de glace.

Une fois ces échantillons congelés, Masaru les exposa chacun à un style de musique et les photographia à –5 degrés. Il fit cette expérience avec de nombreux genres musicaux. Et observa que chaque échantillon se cristallisait d'une manière différente.

Lors d'une autre phase de cette expérience, il demanda à plusieurs volontaires d'adresser un type de pensée à chaque échantillon. Les échantillons furent ainsi exposés à divers sentiments – amour, paix, gratitude, fureur, haine, colère, rejet –, et chaque échantillon développait une structure différente.

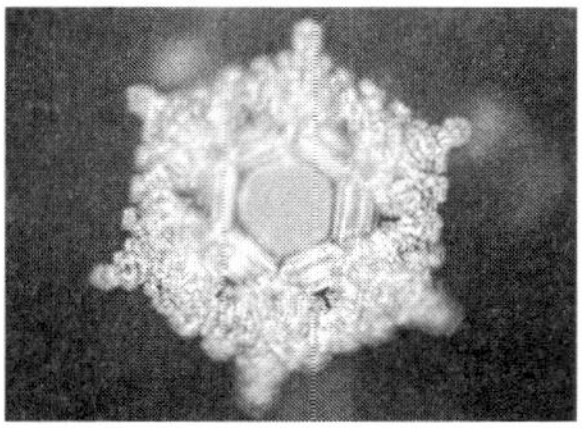

Amour et gratitude

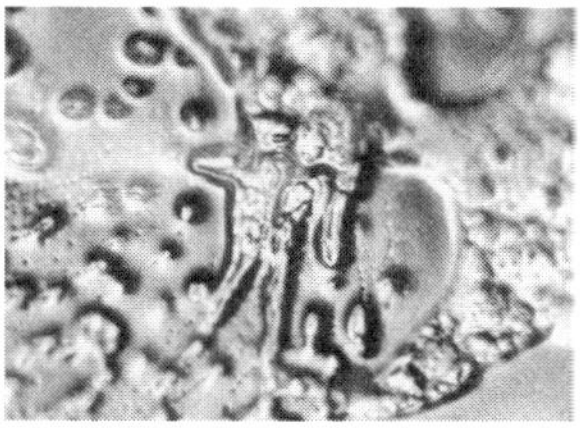

Je te déteste

« Imagine », John Lennon

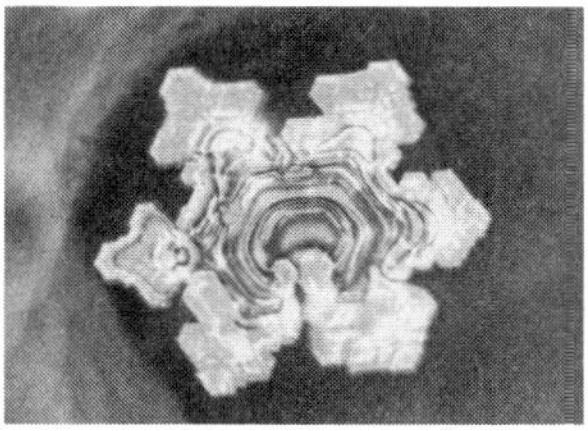

Mozart

Les échantillons exposés à des pensées en relation avec l'amour donnèrent de très beaux cristaux. À l'inverse, les échantillons confrontés au sentiment de haine n'atteignirent pas l'état de cristallisation et formèrent des structures chaotiques et désordonnées. Grâce à ces expériences, on a pu démontrer que les pensées avaient une incidence sur la structure moléculaire, et par conséquent sur la matière. Ce qui signifie que nous avons la capacité de transformer le monde avec nos idées, nos émotions et nos sentiments.

QUELQUES RÉFLEXIONS SUR LES EXPÉRIENCES

Chaque personne émet en permanence une vibration caractéristique. Notre cerveau et surtout notre cœur émettent constamment des ondes électromagnétiques, dont la vibration et la fréquence varient en fonction de nos types de pensée et émotion.

Selon le niveau de vibration des ondes que nous émettons, nous transformons notre environnement, et en retour, nous recevons nous aussi des réponses.

Comme nous l'avons constaté avec ces expériences, si nos actes changent le monde, il en va de même avec nos pensées, nos émotions et nos sentiments.

Nous sommes tous les cocréateurs du monde dans lequel nous vivons. Nous sommes bien plus que de simples passagers, nous sommes aussi des créateurs et des transformateurs.

Es-tu prêt à accepter le pouvoir que tu possèdes ? Pour cela, il est indispensable d'assumer ta responsabilité.

À partir du moment où tu assumeras la responsabilité qui est la tienne, tu commenceras à être en contact avec ton pouvoir. Si tu assumes ta responsabilité pleine et entière sur ta vie, personne ne pourra prendre de l'ascendant sur toi.

Mais tant que tu tiendras les circonstances ou les autres pour responsables de ce qui t'arrive, tu ne pourras ni profiter de ton pouvoir, ni l'exercer. Car tant que tu endosseras le rôle de victime, tu rejetteras ton pouvoir.

Responsabilité, oui. Culpabilité, non.

Sur cette Terre, nous sommes à la fois tous innocents et tous responsables. Tu n'as pas à te sentir coupable si tu ne parviens pas à contrôler ce que tu génères dans ta vie. Même les plus entraînés d'entre nous ne parviennent pas toujours à contrôler le potentiel de leur mental. Mais cela ne signifie pas pour autant que nous ne sommes pas responsables. Tout le monde n'est pas prêt à assumer cette responsabilité. Si les croyances sont trop enracinées, il sera plus difficile d'accepter le changement.

COMMENT NOUS ATTIRONS ET COMMENT NOUS CRÉONS

Nous créons grâce à l'amour et la peur. Ce sont les deux forces créatrices. Comme nous le verrons un peu plus loin, il s'agit en fait des deux pôles d'une même force.

La peur, la haine, la plainte sont liées à l'absence d'amour, de gratitude.

L'amour est la force la plus puissante, la plus créatrice. Elle est à l'origine de tout.

Sa vibration est très forte. L'énergie qu'émet notre cœur lorsque nous aimons l'est aussi.

Quand nous aimons ou ressentons de la gratitude, nous émettons une vibration très forte, et c'est ainsi que nous attirons dans notre vie certaines situations, êtres et objets qui eux-mêmes émettent une vibration très forte. Une vibration semblable à la nôtre.

En revanche, quand nous sommes tristes, fâchés ou que nous ressentons de la peur, l'énergie que nous émettons est très basse. Contre notre gré, celle-ci attirera dans notre vie des situations, des êtres et des objets qui vibrent à une fréquence similaire.

Toute notre vie, nous attirons à nous ce que nous aimons et ce que nous craignons. Et cela, tu peux le vérifier par toi-même en examinant ton passé.

Pourquoi toutes les bonnes choses arrivent-elles en même temps ?

Pourquoi, parfois, tu te dis que tu as la poisse ?

Parce que, lorsque nous nous laissons emporter par une émotion, qu'il s'agisse d'amour ou de peur, et que nous nous installons dans cette émotion, nous finissons par attirer des choses semblables.

Quand tu te sens heureux, aimé, reconnu, épanoui, et que tu as la sensation que tout, dans ta vie, est parfait, tu attires encore plus de choses semblables dans ta vie.

Une personne qui se plaint constamment aura l'impression qu'il ne lui arrive que du malheur, que la vie est injuste, etc., et finira par provoquer d'autres expériences similaires.

De la même façon, quand tu es convaincu que quelque chose va se produire et que tu y crois dur comme fer, cet événement finira par se produire. Ceci est valable pour ce qui est bon comme pour ce qui est mauvais.

Et le mieux, dans tout cela, c'est que la vibration de la peur est si basse qu'elle exerce son pouvoir d'attraction d'une manière beaucoup plus lente. Alors que la vibration de l'amour, elle, est beaucoup plus puissante, et son pouvoir d'attraction plus rapide.

Quoi qu'il en soit, on peut toujours changer le cours des choses. Il y a des années, quelqu'un m'a donné un exemple très parlant: « L'omelette, on peut toujours la retourner. »

Dorénavant, c'est merveilleux, tu peux changer d'attitude face à la vie, tu peux changer de point de vue, ce qui modifiera ta façon de penser et de ressentir et te permettra d'attirer ce que tu souhaites.

À tout moment, tu peux modifier le cours de l'histoire. La vie est un changement perpétuel. Désormais, tu as le pouvoir de changer ta vie.

Tu as le pouvoir de choisir comment tu envisages ta vie, **tu** peux choisir les émotions sur lesquelles tu veux te concentrer. **Tu peux toujours choisir de quelle façon tu considères les événements qui surviennent dans ton existence.**

Tu peux toujours choisir les **mots**, le **langage** que tu utilises. **Tu** as toujours la possibilité de te concentrer sur l'amour. **Tu** as toujours la possibilité de changer. Rappelle-toi que ton mental est extrêmement plastique et que les émotions te donnent le pouvoir de créer ta vie à chaque instant.

Et le plus important, c'est que dorénavant, tu peux remplacer tes croyances limitantes par d'autres croyances qui te fortifient et te permettent d'obtenir beaucoup plus facilement ce que tu désires. Voilà pourquoi j'organise des séminaires autour de la notion de l'empowerment, le fait de croire en soi et à la reprogrammation des croyances.

« Tout ce que vous vous imaginez de toutes vos forces,
tout ce que vous désirez ardemment,
tout ce à quoi vous croyez sincèrement,
tout ce que vous entreprenez avec enthousiasme,
vous le réussirez sans aucun doute. »

Paul Meyer

Et découvrir que tu as le pouvoir d'attirer ce que tu désires, tes rêves et tout ce que tu souhaites vivre à partir de maintenant est une chose extraordinaire.

ET C'EST ÇA, QUI EST FORT.
DÉCOUVRIR QUE TU AS LE POUVOIR D'ATTIRER
CE QUE TU DÉSIRES, TES RÊVES ET TOUT
CE QUE TU SOUHAITES VIVRE, À PARTIR DE MAINTENANT.

« La vérité vous rendra libres. »

Jean, 8,32

Lorsque tu découvriras la **vérité**, que Dieu nous a créés à Son image, tu découvriras qu'Il t'a également donné le pouvoir de créer ta vie. Il t'a donné le pouvoir de transformer ta vie, de devenir celui que tu es amené à être et de faire ce pour quoi tu es ici.

Dans un premier temps, je me suis dit : « C'est beaucoup trop. » En réalité, je refusais d'assumer le fait que j'étais responsable de tout ce que j'avais attiré dans ma vie. Mais une fois que j'ai assumé cette responsabilité, j'ai découvert le potentiel qui m'avait été accordé.

Laín García Calvo explique très bien les lois de l'attraction et les lois universelles dans ses deux livres *La voz de tu alma* (La voix de ton âme) et *Como atraer el dinero* (Comment attirer l'argent). Le premier fut mon livre de chevet durant mon éveil (de conscience) et celui qui me guida tout au long de ma métamorphose. Par la suite, j'ai lu bien d'autres livres sur les lois universelles, mais celui-là reste pour moi le plus clair dans ses explications, et c'est celui qui m'a inspirée pour l'écriture de *Crois en toi*.

Le documentaire *Le Secret* te permettra aussi d'en savoir plus sur la loi de l'attraction.

Avec le temps et l'expérience, j'ai en effet compris que la loi de l'attraction fonctionne constamment. À l'instar de la loi de la gravité. Sinon, ce ne serait pas une loi.

Alors, **pourquoi a-t-on parfois l'impression qu'elle ne fonctionne pas ?**

Tu te rappelles ce que je t'ai dit à propos de l'esprit conscient et de l'esprit subconscient ?

Il ne suffit pas de désirer quelque chose au niveau conscient. Ce que tu désires doit aussi être soutenu par ton subconscient. Mais nous en reparlerons.

D'AUTRES FAITS SCIENTIFIQUES POUR TON MENTAL

Au cours d'une interview, Howard Martin, vice-président de l'Institut HeartMath, nous explique que le cœur possède un système nerveux très complexe. Et qu'il y a dans cet organe quarante mille neurones.

Howard ajoute que l'intelligence émotionnelle est beaucoup plus rapide que l'intelligence cérébrale, et de nature intuitive. Elle permet de prendre les décisions dont nous avons besoin pour avancer dans la vie. C'est inné chez l'être humain. Et c'est toujours là.

Désormais, nous savons que le cœur ne se contente pas de pomper le sang. Il envoie de puissants ordres de guérison au cerveau et au corps en général. Il modifie aussi l'onde de pression artérielle, produit des hormones et génère une communication électromagnétique. Si bien que, désormais, nous savons que le cœur contribue à notre bien-être.

Nous pourrions considérer le cœur comme le centre de contrôle principal qui envoie des signaux à tout le corps.

Aujourd'hui nous savons que l'activité cérébrale dépend beaucoup des signaux envoyés par le cœur. Le rôle de ce dernier n'est pas uniquement biologique.

Le cœur est un organe électrique. Plus précisément, il est, dans notre corps, celui qui produit le plus d'électricité. Il génère un champ d'énergie électromagnétique que l'on peut mesurer. Et cette énergie envoie des signaux à toutes les cellules de notre corps, une énergie si puissante qu'elle va bien au-delà de notre peau pour se projeter dans l'espace.

Ce champ électromagnétique, en forme de tore, entoure notre corps à 360 degrés et se propage entre 1,5 mètre et 2,5 mètres du cœur humain.

Ce champ se modifie en fonction de nos émotions. Quand nous ressentons de la frustration ou de la colère, nous pouvons constater que le cœur envoie des signaux très chaotiques. À l'inverse, quand nous éprouvons de la compassion, de l'amour, de la prévenance ou de la gratitude, le champ est différent, plus harmonieux, plus cohérent (des ondes plus amples et plus régulières).

Nous savons aussi qu'il y a des champs qui vont bien au-delà de ce mètre et demi qui nous entoure, et qui sont bien plus grands. Le cœur communique d'une manière non locale et non linéaire. Mais ces grands champs n'ont pas encore été mesurés.

Le champ magnétique généré par le cœur se mesure au moyen d'un procédé scientifique qui porte le nom de « spectroscopie », grâce auquel on peut voir où va l'énergie et comment elle se modifie.

Lorsque nous ressentons des émotions positives telles que la gratitude, il se produit une communication harmonieuse entre cœur, cerveau et corps, qui favorise les idées claires, développe notre capacité à prendre des décisions ou notre efficacité.

Néanmoins, lorsque nous envoyons un signal incohérent ou chaotique, cela a un impact sur certaines zones du cerveau et nous empêche d'avoir les idées claires.

Quand nous apprenons à gérer les signaux que nous émettons et à transformer les signaux chaotiques en signaux cohérents, les centres de perception du cerveau s'ouvrent et notre capacité à percevoir ce qui nous entoure et ce qui est en train de se produire se développe. Nous devenons plus sensibles aux autres, plus conscients de nous-même que ce que nous ne pensions.

Cela nous permet de nous positionner comme spectateurs de ce que nous ressentons et pensons, ainsi que de nos émotions, sans nous juger nous-même ni juger autrui, en choisissant le point de vue et les émotions qui nous permettent de nous sentir bien.

Quand quelqu'un te dit quelque chose qui ne te plaît pas, tu peux aller jusqu'à ressentir de la colère, de la frustration, de la jalousie, etc. Le stress se manifeste sous la forme d'émotions fortes et négatives.

Mais si ton cœur et ton mental sont bien alignés, le stress généré est moindre, parce que tu sais mieux gérer tes émotions. Nous gagnons ainsi en qualité de vie.

Il ne s'agit pas seulement de gérer les émotions pour réduire les niveaux de stress. Il est aussi question de l'énergie qui se libère dans ces émotions et de sa faculté à améliorer ou détériorer notre santé. Et de sa capacité à transformer notre biologie, mais aussi le monde qui nous entoure.

Es-tu conscient de l'énergie que tu utilises, et avec qui tu l'utilises ?

Les disputes, les nerfs qui lâchent, partir au quart de tour, être exposé à des atmosphères négatives, écouter quelqu'un se plaindre constamment, être dépendant de ce qui nous manque, attendre que l'autre change, etc., tout cela suppose une perte énorme d'énergie pour notre corps, et cette perte nous affaiblit sur tous les plans, émotionnel et physique.

Connecte-toi à ton énergie intérieure, avec ce qui te motive réellement, avec ce que tu aimes et ce qui te fait vibrer, parle avec un ami qui t'est cher, ris à gorge déployée, pratique une activité physique tous les jours, écoute de la musique qui te procure du bien-être, lis un livre qui te nourrit, serre dans tes bras, embrasse, recharge les batteries et profite ! Chacune des cellules de ton corps t'en remerciera.

Éloigne-toi de tout ce qui t'éteint, de ceux qui ne savent pas apprécier ce que tu leur offres. Choisis avec discernement où tu vas, qui tu écoutes, à qui tu te confies. Profite pleinement de ce que tu possèdes aujourd'hui et sois reconnaissant de tout ce que tu vis aujourd'hui. Car aujourd'hui ne se répétera pas.

Nous sommes perpétuellement connectés à d'autres personnes, nous sommes tout le temps en contact et interagissons sans même en avoir conscience. Et sans le vouloir, nous apportons notre petite graine à ce qui se produit dans le monde à chaque instant.

Chaque jour nous générons et dépensons de l'énergie pour vivre. Mais si nous ne savons pas la gérer, il ne nous en restera plus pour ce qui est réellement important pour nous.

Vivre sans **être conscient** de l'**énergie** que nous **dépensons**, c'est comme **chauffer une maison les fenêtres ouvertes au cœur de l'hiver**.

CONNECTER LA SCIENCE ET LA SAGESSE ANCESTRALE

Selon moi, le plus incroyable, à notre époque, c'est la rencontre qui se produit entre la science et la sagesse ancestrale.

Grâce aux découvertes de la science, à Internet et à la rapidité avec laquelle se diffuse l'information, tout ce savoir est accessible au plus grand nombre et la conscience de la société, peu à peu, s'éveille.

Comme nous l'avons vu avec les expériences décrites précédemment, se concentrer sur certains états émotionnels nous donne le pouvoir de modifier le fonctionnement de notre ADN.

Les expériences prouvent que :

1. Notre ADN a un effet direct sur le monde.

2. Les émotions humaines ont la capacité de modifier notre ADN et ont donc un effet sur notre environnement.

3. Que nous soyons dans le même bâtiment ou à 700 kilomètres de distance, les résultats sont les mêmes. Ni le temps ni l'espace ne nous entravent.

Ces expériences nous disent que toi et moi possédons un pouvoir qui n'est pas soumis aux lois de la physique telles que nous les entendons, mais que nos émotions, pensées, croyances et prières transcendent les limites du temps et de l'espace telles que nous les connaissons aujourd'hui.

Selon les traditions ancestrales, nous sommes connectés au monde qui nous entoure, et c'est aussi ce que démontre la science actuellement.

Gregg Braden l'explique très bien dans son documentaire *La Science des miracles*. Nos ancêtres l'avaient déjà compris et ils nous ont indiqué des pistes. Ils nous ont laissé des instructions très claires sur la manière dont nous pouvons utiliser ce pouvoir pour changer le monde, soigner notre corps et attirer la paix, pour nous et ceux qui nous entourent.

Nous l'avons vu avec les expériences qui se sont déroulées aux États-Unis et au Moyen-Orient : plus les personnes qui assimilent ces principes sont nombreuses, plus la paix pourra s'étendre et gagner tous les pays.

La question est la suivante : si cette relation existe, pourquoi n'est-elle pas connue de tous ? Pourquoi la science n'avait-elle pas intégré ces principes ? Pourquoi les avons-nous découverts il y a quelques années seulement ?

La chaîne de connaissance qui nous relie à nos ancêtres s'est brisée au moins par deux fois dans l'histoire avant de nous parvenir.

Au cours de ces vingt et un derniers siècles, deux événements nous ont fait perdre le lien avec le savoir ancestral. Et une partie de ce savoir a un rapport avec le sujet de ce livre.

Le premier événement est l'incendie de la grande bibliothèque d'Alexandrie au Ier siècle avant Jésus-Christ. Si nous ignorons ce qu'il y avait exactement dans cette bibliothèque, nous savons que des historiens ont catalogué des milliers de volumes et de rouleaux.

L'historien Callimaque, notamment, a catalogué plus de 536 000 rouleaux dans la grande bibliothèque d'Alexandrie. Et la plupart étaient déjà très anciens pour cette époque (à savoir du IVe siècle avant Jésus-Christ).

Une chose est sûre, certains rouleaux contenaient les plus anciennes traditions hébraïques, les connaissances des Égyptiens dans le domaine de l'astronomie, des connaissances médicales et nombre d'informations vieilles de plus de mille ans, qui traitaient des relations humaines avec le monde et peut-être de choses plus grandes encore.

Le second événement fut l'édition des premiers textes bibliques vers 325 après Jésus-Christ.

À l'époque, il n'y avait pas de texte biblique établi comme aujourd'hui. Les textes étaient nombreux, mais peu de personnes y avaient accès. Si bien que Constantin Ier s'employa à les mettre à la portée du plus grand nombre.

Pour cette raison, un concile fut convoqué afin d'émettre un avis sur les textes à conserver et ceux à supprimer. Le résultat n'est autre que la Bible que nous connaissons aujourd'hui.

Nous savons désormais que l'on retira plus de vingt livres dont l'authenticité était pourtant parfaitement reconnue. Quant aux textes qui restèrent dans la Bible, ils furent amendés et ne furent plus modifiés ensuite. Ce sont ceux que nous connaissons.

Si nous le savons, c'est parce que des documents tels que les manuscrits de Qumrân ont été retrouvés dans la mer Morte en 1947. Des rouleaux, comme on a pu le constater, écrits dans les années 150 avant Jésus-Christ et 70 après Jésus-Christ.

Pourquoi j'évoque cela ? Parce que la plupart de ces textes décrivent notre relation à l'univers et à la création du monde à travers le pouvoir de nos émotions.

Et tout ce qui peut être bénéfique à l'être humain, à sa santé, à ses relations et tout ce qui le fait grandir doit être divulgué.

Ces textes décrivent ce que la science a découvert plus de deux mille ans plus tard. L'être humain a le pouvoir de transformer sa réalité grâce à ses pensées et ses émotions.

L'être humain a la capacité de réaliser des œuvres extraordinaires quand il se connecte à Dieu, à sa source créatrice, par le biais de ses émotions, de la prière ou de la méditation.

6

SYSTÈMES BINAIRES

AMOUR ET PEUR

« DANS UN CŒUR PLEIN DE GRATITUDE, IL N'Y A PAS DE PLACE POUR LA PEUR. »

Mario Alonso Puig

Médecin, chirurgien et conférencier

La gratitude, c'est une façon d'exprimer de l'amour. Ainsi, quand tu es pleinement reconnaissant de ce que tu as reçu, de ce que tu as vécu et des moments que tu es en train de vivre, tu ne laisses aucune place à la peur.

Je t'encourage à le vérifier. Il y a une différence énorme entre vivre dans la peur, l'esprit perpétuellement inquiet, et vivre accompagné du sentiment de gratitude, reconnaissant de tout ce que tu reçois. Il y a un monde entre les deux. On dit qu'Albert Einstein manifestait sa gratitude plus de cent fois par jour.

Le mental ne comprend pas la négation, car dans le fond, la négation est l'absence d'affirmation. Tout comme l'obscurité est l'absence de lumière. Donc, lorsqu'on donne au mental un ordre négatif, il ne le comprend pas. Il reçoit la phrase mais ne perçoit pas la négation.

C'est pourquoi, quand on te dit : « Ne pense pas à une voiture rouge », tu penses à une voiture rouge. Par conséquent, la meilleure façon de chasser une pensée qui nous fait du mal est de reporter son attention sur autre chose.

Une des petites habitudes qui a inscrit une grande différence dans ma vie est justement la gratitude. J'ai commencé à la pratiquer quotidiennement et j'ai remarqué qu'un changement se produisait dans mon existence, précisément à cette période.

Aucun système ne peut supporter deux ordres contradictoires donnés en même temps. **Tu ne peux pas** à la fois **aimer** et **détester** la même personne. Un objet ne peut être à la fois sec et mouillé. Un GPS ne peut pas te guider vers deux lieux à la fois. Il ne peut pas faire jour et nuit au même endroit à la même heure. L'eau ne peut devenir vapeur et glace à la même température. Tu ne peux pas ressentir à la fois de la jalousie et de la confiance.

Imagine un ordinateur, un GPS ou n'importe quel programme informatique. Tu ne peux pas exécuter un ordre s'il existe un ordre contradictoire.

Tout, dans ce monde, répond à une dualité. Tout a deux extrêmes. Au fond, l'**amour** et la **haine** sont les deux pôles d'un même sentiment. En réalité, seul l'amour existe. La haine n'est qu'une absence d'amour. C'est pour cette raison que l'on ne peut pas ressentir à la fois beaucoup d'amour et pas d'amour du tout.

Tout sentiment, toute sensation, a son opposé ; et les deux éléments sont en vérité les deux pôles d'une même chose.

La **tristesse** est l'absence de **joie**. La **fureur** est l'absence de **paix**. Le **courage** est l'absence de **peur**. La **plainte** est l'absence de **gratitude**. La **pauvreté** est l'absence de **richesse**. L'**intolérance** est l'absence de **tolérance**. La **colère** est l'absence de **compréhension**. La **souffrance** est l'absence d'**acceptation**.

C'est pour cette raison que lorsque nous nous situons à un extrême, nous risquons de passer à l'autre extrême. Car les extrêmes se rejoignent.

C'est pour cette même raison que lorsque notre amour se transforme en obsession et en dépendance affective, ça ne s'appelle plus de l'amour. La peur peut se transformer en haine en un clin d'œil.

Il en va de même pour l'euphorie: si on ne sait pas gérer cet état, on peut, quasiment sans s'en rendre compte, basculer dans la tristesse.

Il est donc primordial d'apprendre à gérer les états d'âme. Si tu surinvestis ce qui t'arrive, tu t'approches des extrêmes. Parce que tu accordes aux événements plus d'importance qu'ils n'en ont réellement. Et ceci est valable pour ce qui est bon, comme pour ce qui est mauvais.

La vie tend à l'équilibre. Lorsque tu t'approches d'un extrême, quelque chose va se produire qui t'aidera à trouver le bon équilibre.

Aussi, quoi qu'il se passe, n'aie jamais peur. Rien n'est figé, autorise-toi à laisser couler la vie. Ne te demande pas outre mesure si ce qui t'arrive est positif ou négatif. Profite tout simplement de ce que tu vis à chaque instant et n'essaie pas de retenir quoi que ce soit.

Si tu es heureux, profite du moment présent. Si tu es triste ou angoissé, ne t'inquiète pas: ça va passer. Dans l'univers, rien n'est immobile. Notre nature est constamment en recherche d'équilibre.

À QUOI TOUT CELA NOUS SERT-IL ?

Cela nous sert à changer de cap quand nous le souhaitons. Et dans ce cas précis, à orienter notre mental dans la direction qui nous intéresse.

Quand une pensée t'obsède, comme y échapper ?

En pensant à autre chose. En te concentrant sur une autre pensée.

Nous sommes tous dotés de la faculté d'imprimer à nos pensées la direction que nous souhaitons leur voir emprunter. C'est là que réside notre liberté. **Nous avons toujours la liberté de choisir ce sur quoi nous allons nous concentrer, où notre regard va se poser, comment nous allons apprécier la réalité et quelles décisions prendre.**

Tu es le réalisateur des images qui sont projetées dans ton mental. Tu as un pouvoir en toi : celui de choisir les images que tu souhaites conserver et celles que tu souhaites renforcer.

*« Tout est double ; toute chose possède des pôles ;
tout a deux extrêmes ; semblable et dissemblable
ont la même signification ; les pôles opposés
ont une nature identique mais des degrés différents ;
les extrêmes se touchent. »*

Trois Initiés, *Le Kybalion*

7

ON NE SE TROMPE JAMAIS, ON APPREND TOUJOURS

APPRENDRE À AIMER, LE VRAI CHEMIN VERS LA LIBERTÉ

« LA VIE COMMENCE QUAND LA PEUR DISPARAÎT. »

Osho
Écrivain, orateur et philosophe

« Nous avons du mal à croire que notre vie nous donne tout ce dont nous avons besoin à chaque instant. C'est pour cela que nous le recherchons dans la vie des autres. Voyons voir... qu'as-tu dans ta vie qui manque à la mienne ? Voilà qui génère bien des souffrances. »

Sergi Torres

Ce ne sont pas les gens qui te font du mal, mais ce que tu penses d'eux.

POURQUOI SOUFFRONS-NOUS ?

Tout d'abord, notre souffrance vient de ce que nous ne comprenons pas comment le mental fonctionne et la relation qui existe entre nos pensées et la réalité.

Ensuite, parce que nous n'exprimons pas assez notre gratitude et manquons de confiance. Et parce que la notion d'incertitude est absente de notre éducation, que nous voulons tout contrôler, et que nous voulons obtenir des résultats tout de suite.

Prenons un exemple. Est-ce que tu souffres lorsque tu vas acheter des fruits ?

Non, n'est-ce pas ? Et pourquoi ? Parce que tu sais ce qu'il va se passer, tu sais que tu ne cours aucun risque et que tu vas atteindre ton objectif.

En revanche, pourquoi la perspective d'un entretien d'embauche ou d'un rendez-vous avec un client te rend-elle nerveux ?

Je sais, souffrir et être nerveux sont deux choses différentes. Je me réfère, d'une manière générale, à tout ce qui déclenche en toi une certaine tension. Et ce pour pouvoir distinguer les situations que nous savons apprécier et celles où tension et inquiétude nous empêchent de profiter pleinement du moment présent.

Si seulement tu pouvais savoir qu'à l'issue de cet entretien on te confiera ce poste ou que le lendemain on t'appellera pour te proposer un travail avec de meilleures conditions, tu serais probablement ravi.

Pourquoi les enfants s'amusent-ils presque toujours? Il arrive qu'ils se mettent en colère quand ils n'obtiennent pas ce qu'ils veulent, mais très vite ils trouvent une autre occupation qui les divertira ou un autre jeu, etc. Ils inventent tout le temps de nouveaux jeux. Ils ne s'inquiètent pas, en fin de compte ils savent qu'ils ont tout ce dont ils ont besoin.

Ce qui nous fait souffrir

1. *Manque de compréhension.* Pour comprendre, il est indispensable de connaître. Si tu achètes un ordinateur et que tu ne sais pas l'utiliser, il ne te servira pas à grand-chose. Si tu ne connais pas le potentiel d'un bien que tu possèdes, tu ne pourras pas en tirer pleinement profit. Plus tu maîtrises un programme, plus tu pourras l'exploiter. Plus tu auras de connaissances en marketing, plus tu tireras des bénéfices de tes ventes.

2. *Manque d'amour pour soi et pour les autres.* Sans amour, point de respect. Si tu ne t'aimes pas toi-même, tu auras du mal à te respecter. Si tu ne te respectes pas toi-même, tu auras du mal à respecter les autres. Si tu n'es pas patient avec toi-même, tu le seras difficilement avec les autres. Si tu ne crois pas en toi, tu croiras difficilement en l'autre.

3. *Manque de confiance en soi et dans les autres.* Si tu manques d'assurance, il est probable que chaque fois que quelqu'un émettra un avis différent du tien, tu te sentiras attaqué.

4. *Manque de gratitude*. Si tu te plains, c'est parce que, en ce moment précis, tu ne trouves aucune raison d'exprimer ta gratitude. La gratitude et la plainte sont les deux pôles d'une même chose. Quand on ressent de la gratitude, on éprouve de l'amour. Quand on se plaint, on souffre.

5. *Manque de patience*. L'empressement. Nous voulons tout et nous le voulons **tout de suite** ! Nous voulons **voir pour croire**. Pourtant, regarde les lois universelles : elles ne fonctionnent pas comme ça, mais à l'inverse ! Il est nécessaire de **croire pour voir**.

6. *Manque de responsabilité*. Quand tu évites tes responsabilités, quand tu les fuis ou quand tu les ignores, tu te dépossèdes de ton pouvoir. À partir du moment où tu accuses les autres de ce qui t'arrive, tu te positionnes en victime. Tu tires vers le bas.

Tout au contraire, quand tu t'estimes responsable de ce qui t'arrive, tu assumes également le pouvoir qui est le tien.

LA TRANSCENDANCE DE LA DOULEUR

Pourquoi, dans ta vie, certaines situations douloureuses se répètent ?

On ne nous a pas appris à gérer la douleur ni à la transcender.

Généralement, quand quelque chose nous fait du mal, une situation, les propos ou les actes d'une personne, on en reste là. Avec ce « Ça me fait du mal ». Et les réactions naturelles sont l'évitement, la réplique ou le reproche.

La vie ne t'enseignera que ce que tu es prêt à apprendre.

La clé, c'est de ne pas se laisser impressionner par les sens, par ce que nous voyons, par la douleur. Le risque, c'est de s'enferrer dans la douleur et de ne pas être capable de la transcender.

Rien n'arrive par hasard. On ne se trompe jamais, on apprend toujours. Il y a une raison à tout. Il est vraiment utile de se le rappeler dans les situations douloureuses.

Plus la douleur est grande, plus on apprend de cette expérience. Si tu ne vas pas au-delà de la douleur, tu vas souffrir et tu seras incapable de voir ce que la vie essaie de t'enseigner.

Tout dépend de ton approche, de la façon dont tu te positionnes. Tout dépend des questions que tu te poses.

Si tu restes avec « Ce n'est pas juste ! », « Pourquoi est-ce que ça tombe tout le temps sur moi ? », tu entres dans un cercle vicieux et tout ce que tu récolteras, c'est une douleur plus profonde encore.

Au contraire, **si tu te poses d'autres questions, les réponses seront inévitablement différentes**.

Si tu te demandes : **« Qu'est-ce que la vie essaie de m'apprendre ? Quel enseignement je peux tirer**

de tout ça ?», les réponses que tu trouveras seront forcément plus intéressantes.

Nous avons tous des rêves, des objectifs, des buts à atteindre, un projet de vie. Et si tu rencontres telle ou telle situation, c'est précisément parce que tu as un rêve et un but à atteindre.

Tu as un objectif et la vie veut t'aider à l'atteindre. Elle te guide vers celui-ci. Mais avant cela, tu dois passer par toute une série d'apprentissages. Car la vie ne te donnera jamais quelque chose que tu n'es pas en mesure de supporter. Et cela vaut pour tout.

Si **tu** n'es pas prêt à diriger une entreprise qui compte dix mille salariés, on ne te nommera pas P-DG de cette entreprise. Si tu ne sais pas gérer cinquante millions d'euros, la vie ne va pas te les offrir. Le chemin est tout autre. La vie n'est pas une loterie.

Les multimillionnaires ne sont pas multimillionnaires par hasard, et cela vaut aussi bien pour ceux qui naissent riches que pour ceux qui le deviennent. Ils savent gérer de l'argent, l'investir, générer plus de richesse. Celui qui ne possède pas ce savoir aura beau gagner des millions d'euros au loto, s'il ne sait pas gérer cet argent, s'il ne sait pas comment l'investir, il le dilapidera rapidement.

Mais revenons à l'apprentissage. **Einstein** disait qu'**« aucun problème ne peut être résolu sans changer le niveau de conscience qui l'a engendré »**.

Si tu ne vas pas au-delà de la douleur, de ce que perçoivent tes sens, si tu ne prends pas de recul par rapport à la situation que tu es en train de vivre, alors tu trouveras difficilement une solution.

De la même façon, si tu fuis ce que tu redoutes, tu éviteras l'apprentissage. Et comme **tu** as un rêve et que la vie souhaite te l'accorder, celle-ci se chargera de t'administrer encore et toujours la même leçon jusqu'à ce que tu la retiennes. Tant que tu n'auras pas compris ce que la vie veut t'enseigner, il te faudra continuer d'apprendre cette leçon.

Est-ce que cela t'est déjà arrivé ? Une situation douloureuse se répète dans ta vie encore et encore, parfois avec la même personne, parfois avec des personnes différentes.

Et toi, tu te demandes : « Pourquoi c'est toujours pareil ? »

Tu finis par généraliser, par penser que ce n'est pas ta faute. Pour le dire plus clairement, par rejeter la faute sur les autres. Erreur.

Tant que tu continueras de fonctionner comme cela, le même schéma se reproduira. Tu te poses les mauvaises questions et tu rejettes toute responsabilité.

Il faut que tu comprennes, et c'est très important, que si un événement qui t'affecte personnellement se produit, c'est parce que tu dois en tirer une leçon.

La souffrance vient de notre manque de compréhension. Nous nous laissons impressionner par nos sens, nous ne parvenons pas à aller au-delà du visible ou de l'audible. Et nous sommes fortement influencés par les circonstances.

Bien souvent, nous voulons escalader l'Everest sans avoir à surmonter la moindre difficulté, de la manière la plus tranquille et rapide qui soit. Tu t'en doutes, ce n'est pas réaliste. C'est aller à l'encontre du mystère de la vie. C'est comme souhaiter qu'il fasse jour en pleine nuit ou être en hiver au plein cœur de l'été. Si **tu** veux aller loin dans la vie, si tu veux aller haut, il faudra que tu t'entraînes.

Un peu comme celui qui veut obtenir une promotion et se plaint toute la journée que son chef ne l'apprécie pas à sa juste valeur, d'être mal payé, de faire trop d'heures supplémentaires, etc.

Si tu ne te sens pas considéré par quelqu'un, tu dois d'abord te demander ceci : **« Est-ce que moi, je me considère ? »**

Et ensuite : **« Au travail, quelle image je donne de moi ? »**

« Est-ce que je me comporte comme quelqu'un qui mérite une promotion ? »

« Est-ce que j'arrive à me faire apprécier à ma juste valeur ? »

« Est-ce que je mérite vraiment ce poste ? Est-ce que je suis prêt à endosser davantage de responsabilités ? »

Analyse ton comportement, ton attitude quotidienne et la façon dont tu te perçois.

Est-ce que tu te laisses marcher sur les pieds ou est-ce que tu te fais respecter ?

Sais-tu dire non facilement, sans perdre tes moyens ou te sentir coupable ?

Est-ce que tu t'énerves quand on te fait des reproches, ou est-ce que tu parviens à conserver ton calme ?

Comment te perçois-tu ?
Comment te comportes-tu ?

ÊTRE, FAIRE, AVOIR

Souvent, les gens veulent changer le cours des événements. Tu veux avoir quelque chose pour faire quelque chose, et alors tu seras quelqu'un. Mais ça ne marche pas comme ça.

Tu dois d'abord devenir celui que tu veux être et faire ce que tu dois faire pour pouvoir avoir ce que tu désires. Voilà l'ordre qu'il faut suivre : **être, faire, avoir**.

Es-tu capable de te projeter toi-même à ce poste ? C'est la clé. Si tu ne parviens pas à te le représenter, à t'imaginer assumer ces fonctions, je te le dis tout net : tant que tu ne seras pas en mesure de le visualiser dans ton esprit, tant que tu n'y croiras pas, tu ne l'obtiendras pas.

Tout dépend quel est ton rêve, quel est ton but dans la vie. Parce que c'est précisément à cela que la vie va te préparer.

ET TOI, T'AIMES-TU ? ET TOI, CROIS-TU EN TOI ?

Mon projet de vie est d'aider les gens à découvrir leur grandeur, leur propre objectif, le potentiel immense que recèlent leur mental et leurs émotions, et, en définitive, d'aider les gens à **s'aimer eux-mêmes** et à **croire en eux**.

Voilà la grande leçon que m'a donnée cette vie. Car il n'en a pas toujours été ainsi. Il fut un temps où je ne croyais pas en moi, et d'ailleurs, pas mal d'années se sont écoulées avant que je ne commence à le faire. C'est pour cette raison qu'aujourd'hui je peux guider les autres, car je connais déjà le chemin.

Peu de temps avant d'écrire ce livre, je savais déjà parfaitement quel message je souhaitais transmettre. Pourtant, un thème me bloquait sur le plan émotionnel. C'est alors que j'ai reçu la leçon magistrale qui m'a permis d'achever ce livre.

Il est très facile de **croire en toi** quand ceux que tu aimes le plus croient en toi. Il est très facile de croire en toi quand tu te sens pleinement aimé et soutenu. Mais que se passe-t-il quand une des personnes qui comptent le plus pour toi (en dehors de toi) disparaît, de quelque manière que ce soit ?

Il n'y a pas longtemps, j'ai eu un désaccord avec un de mes meilleurs amis, qui est toujours là pour moi. Nous portions chacun un regard si différent sur la réalité que nous vivions littéralement dans deux mondes distincts. Nous n'arrivions plus à communiquer, car nous ne parvenions plus à nous trouver.

Pendant un moment, ma confiance en a été ébranlée. J'étais habituée à compter sur son soutien, et soudain, il n'était plus là où je l'attendais.

Voilà le plus grand obstacle que j'ai dû affronter pour terminer ce livre. Si tu dois choisir entre croire en toi ou croire dans les mots d'une des personnes que tu aimes le plus, que vas-tu choisir ?

Telle est la question clé, la question fondamentale. **À quelle opinion ou à quels mots accordes-tu le plus de pouvoir ? Aux tiens ou à ceux des autres ?**

Dans les moments décisifs,
la vie te demande de faire un choix.

Il ne s'agit pas d'avoir raison. Chacun interprète sa réalité selon son propre point de vue. Nous avons tous raison, et nous nous trompons tous. Cette personne a pu se tromper autant que moi. La question n'est pas là, mais : à qui est-ce que je donne le plus de pouvoir ? À l'autre ou à moi ? À ce que me dicte mon cœur ou à ce que pense l'autre ? Quelle vie voulais-je vivre, la mienne ou celle que m'indiquaient les autres ?

D'abord, je suis tombée dans le piège du : « Pourquoi m'arrive-t-il toujours la même chose ? Je ne peux pas le croire : après tous les efforts que j'ai faits, c'est toujours pareil. »

Et tout de suite, je me suis rendu compte que je ne me posais pas les bonnes questions et que je ne pouvais pas arrêter de croire en moi. Que je ne pouvais pas accorder plus de valeur aux propos des autres qu'aux miens.

Ce jour-là, mon âme m'a murmuré : « **Crois en toi**. Tu m'as, moi. Tu as tout ce dont tu as besoin. La seule chose que je te demande, c'est de continuer ainsi. Laisse-le partir. Lâche-le. Crois en ton intuition, en ton essence, en toi-même et je t'emmènerai où tu voudras. »

Ce jour-là, j'ai compris pourquoi il est important de se poser les bonnes questions : **« Qu'est-ce que la vie essaie de m'apprendre ? Quel enseignement je peux tirer de tout ça ? »**

Moi, je voulais apprendre à aimer de manière inconditionnelle et apprendre à croire en moi de manière inconditionnelle. La vie ne faisait que guider mes pas.

« Chaque obstacle, chaque problème porte en lui la graine d'un bienfait équivalent ou plus grand. »

Napoleon Hill
Écrivain et spécialiste du dépassement de soi

Ce jour-là, j'ai adopté un autre comportement. Ce jour-là, j'ai arrêté de faire ce qu'on me disait de faire, ce que l'on attendait de moi, et j'ai commencé à faire ce que me dictait mon cœur.

Ce jour-là, ma première décision a été de **croire en moi**. La deuxième, d'accepter la réalité, la confusion, l'erreur et la douleur. Tout cela était en train de m'arriver pour une raison essentielle : **apprendre à croire en moi**.

C'est pour ça que j'ai essayé de donner moins d'importance à tout ce que percevaient mes sens et que j'ai choisi de prendre du recul. J'ai transcendé la douleur.

Il n'est pas nécessaire de tout comprendre pour transcender la douleur. La clé, c'est de s'ouvrir à la possibilité.

C'est exactement cela. S'ouvrir à la possibilité de l'apprentissage. S'ouvrir à cette possibilité, même si je ne peux pas voir ni comprendre. S'ouvrir à la possibilité que tout arrive pour une raison, afin de me guider vers ce que j'aime réellement, vers la plénitude et mon autoréalisation.

Parce que quand tu rejettes la douleur, tu rejettes la solution. Quand tu rejettes l'erreur, tu rejettes l'apprentissage. Quand tu rejettes l'information que tu reçois, tu rejettes le fait de passer au niveau supérieur.

« La douleur est inévitable,
mais la souffrance est optionnelle. »

Bouddha

Parfois, apprendre fait mal, nettoyer une blessure fait mal, guérir ton cœur fait mal, essayer de garder pour toi ce qui ne t'appartient pas fait mal, accepter la disparition fait mal. La douleur fait partie du mystère de la vie.

Mais la souffrance est optionnelle. N'en reste pas là, va au-delà. N'essaie pas de tout comprendre. N'y accorde pas plus d'importance que cela. Ne t'inquiète pas. Rien n'arrive par hasard. **Aie confiance** et ouvre-toi à l'apprentissage.

LE MEILLEUR MOTEUR DU CHANGEMENT

La douleur et le plaisir sont les deux grands initiateurs du changement. C'est toujours par opposition ou par imitation que nous apprenons. Ce serait beau, de toujours apprendre par imitation ou guidé par le plaisir. Mais la réalité est tout autre. Il est parfois nécessaire d'en baver pour désirer le changement.

Nous avons tous un thermostat qui nous permet de supporter la douleur. Tant que nous n'avons pas atteint nos limites, nous n'explosons pas. Nous tenons le coup, nous supportons, nous nous adaptons.

Jusqu'au jour où nous nous disons : « Basta ! J'en ai assez d'être dépendant. **Je suis grand !** Je dois me comporter comme tel ! Je n'ai besoin de rien de plus, j'ai tout ce qu'il me faut. Car tout ce que je demande, je l'obtiendrai. »

N'aie plus peur quand quelqu'un que tu aimes disparaît de ta vie, car une autre personne, qui vaut autant sinon plus, y fera son entrée.

Tout ce qu'il m'arrive en ce moment,
c'est ce qu'il pouvait m'arriver de mieux.

Parfois, je me dis que je donnerais n'importe quoi pour avoir découvert plus tôt les principes qui ont changé ma vie. Mais il se produit alors un événement qui m'aide à comprendre que tout ce que j'ai vécu était nécessaire pour en être là où j'en suis actuellement.

« Chaque échec enseigne à l'homme
quelque chose qu'il a besoin d'apprendre. »

Charles Dickens

Il faut que tu comprennes que, sans avoir vécu tout ce que tu as vécu, tu n'aurais pas appris ce que tu es aujourd'hui. Si tu n'avais pas vécu tout ce que tu as vécu, tu n'aurais pas connu ceux qui t'ont amené jusque-là. Tout simplement, tu serais un autre.

Une des clés de mes réussites a été d'oser affronter chaque défi que m'a proposé la vie.

Une des pensées qui me tranquillise le plus est de me dire que **tout ce qu'il m'arrive en ce moment, c'est ce qu'il pouvait m'arriver de mieux**. Oui ! Même si cela paraît insensé, voir les choses ainsi te permettra de franchir tous les obstacles et de parvenir à bon port.

Comme je l'ai appris au cours des conférences de Sergi Torres, chaque fois que nous fuyons, chaque fois que nous refusons de vivre une expérience, c'est une leçon sur nous-même que nous refusons d'apprendre. Une leçon qui nous ouvre une porte vers notre bonheur et notre potentiel.

Et donc, chaque fois que nous refuserons de vivre une expérience, la vie fera en sorte de nous la proposer encore et encore jusqu'à ce que nous nous décidions à en tirer un enseignement.

Cela t'est déjà arrivé d'avoir voulu éviter une situation, et que peu de temps après elle se présente à nouveau, que ce soit avec la même personne ou avec quelqu'un d'autre ?

C'est la vie qui veut te montrer quelque chose. Et à partir du moment où tu acceptes de tirer un enseignement, qu'au lieu de fuir tu te montres déterminé, que tu acceptes le défi et t'ouvres à ce que la vie souhaite t'apprendre, que tu affrontes la situation, celle-ci ne te posera plus jamais problème, car tu l'auras déjà affrontée. Et cela libérera un potentiel jusqu'alors inconnu de toi.

Personne n'est plus que toi
et personne n'est plus que personne.

Une des plus grandes leçons que j'ai apprises cette année, c'est que j'aurais pu m'épargner 90 % de mes souffrances. Si je n'avais pas écouté mes peurs, si je n'avais pas écouté l'avis émis par mon mental, si je n'avais pas porté de jugement, si je n'avais pas été aussi dure avec moi-même.

Comme le dit Bouddha : « La douleur est inévitable, mais la souffrance est optionnelle. »

Avant, chaque fois que je rencontrais quelqu'un de remarquable, je me comparais à lui et je me reprochais de ne pas lui ressembler. C'était un défaut de programmation. J'étais capable de voir la grandeur des autres, mais incapable de voir la mienne. J'étais capable de pardonner les erreurs des autres, mais incapable de me pardonner les miennes.

Et pour cette raison, je n'étais pas capable de tenir le jugement et l'avis des autres précisément pour ce qu'ils sont : de simples avis.

Quand tu te soutiens toi-même,
quand tu t'aimes véritablement,
tu bénéficies de tout le soutien dont tu as besoin.

Personne ne pourra te renverser. Parce que l'opinion de l'autre ne sera pas plus forte que la tienne.

Ce qui compte, c'est de tenir fermement les rênes de ton imagination. Rien ni personne dans la vie ne pourra te causer plus de mal que les mauvais films que tu te fais.

Cela t'est déjà arrivé à plusieurs reprises, n'est-ce pas ? De souffrir pour quelque chose qui ne s'est même pas encore produit ou qui ne s'est jamais produit ? Et quand, dans le pire des cas, ce que tu redoutais le plus advient, la réalité n'est jamais aussi douloureuse en comparaison de ce que tu as déjà souffert.

Sois attentif à ton mental ! Il s'efforcera toujours de te protéger en s'appuyant sur l'expérience et non sur la raison. D'où l'importance de l'entraîner et de s'en servir. De le reprogrammer pour qu'inconsciemment il t'emmène là où tu veux aller et qu'il ne t'entraîne pas à la dérive.

Pendant des années, tu as reproduit des schémas dont tu as hérité. Ne te décourage pas, le jour où tu entreprendras de reprogrammer ton mental. Pour résumer, le chemin est simple. Continue de tomber amoureux de ta vie et de te raconter l'histoire que tu désires vivre.

Plus tu te répéteras l'histoire que tu désires vivre, plus ton mental enregistrera l'information ! Plus tu te la répéteras, plus tu y croiras !

Et quand tu y croiras vraiment, quand tu réussiras à l'envisager comme quelque chose de possible, tu l'intégreras et tu t'en approcheras. Ça ne dépend que de toi !

Pour enregistrer une nouvelle idée, ton esprit subconscient a besoin de répétition. Autorise-toi à y croire, à ressentir les choses comme si elles existaient déjà dans ta vie. L'émotion accélère le processus d'enregistrement.

Il y a mille et une façons d'envisager sa vie, il y a mille et une façons de se raconter sa vie. Raconte-toi la version qui te plaît le plus : ce sera celle vers laquelle ton mental te dirigera. Tu as tout ce qu'il te faut en toi !

QUAND QUELQUE CHOSE T'ANGOISSE, CHANGE DE PERSPECTIVE

Tout ce temps que tu passes à t'inquiéter, tu ne le consacres pas à ce que tu devrais être en train de faire maintenant. C'est-à-dire vivre, être heureux, aimer, apprendre, travailler, t'enrichir, partager, grandir…

Si tu es angoissé, arrête de chercher en dehors de toi la cause de ton mal-être et prends ton courage à deux mains pour regarder en toi. Si tu t'autorises à le faire, tu trouveras la pensée qui génère cette angoisse. Et tu pourras vérifier que la racine du « problème » n'est pas à l'extérieur de toi, mais en toi.

Pendant des années, ma mère m'a dit : « Rut, n'attends pas trop de tes amis. »

Mais je continuais à avoir besoin de recevoir plus. Jusqu'au jour où j'ai compris que ce qui me manquait, moi seule pouvais me le procurer.

Dès lors que tu commences à t'aimer toi-même, tu peux envisager de lier des amitiés fondées sur le désir de partager et non sur le besoin de recevoir. Et là, tu comprends que chaque personne qui apparaît dans ta vie est un cadeau, et qu'elle sera là le temps qu'il faudra.

Durant toute notre vie, nous changeons constamment. Et à chaque période, ceux qui nous accompagnent sont ceux qui ont une façon de penser proche de la nôtre.

À mesure que nous grandissons et que nous changeons, inévitablement nous nous approchons de certaines personnes et nous nous éloignons d'autres. Rares sont ceux qui nous accompagnent tout au long de notre vie, car chacun doit suivre son chemin.

Il est vrai également que dans le monde spirituel, il n'y a que des rencontres, jamais d'au revoir. Même si parfois ceux que nous aimons s'éloignent de nous, cela ne veut pas dire qu'ils ne nous aiment plus ou que nous avons cessé de les aimer. Cela veut juste dire que nous avons choisi des voies différentes et, qui sait, peut-être nous retrouverons-nous un jour.

La vie s'écoule, elle te donne toujours ce dont tu as besoin.

J'ai connu beaucoup de changements dans ma vie. Alors que je poursuivais ma route, la vie m'a éloignée de certaines personnes et m'a rapprochée d'autres. J'ai continué de rencontrer des gens merveilleux, sans pour autant cesser d'aimer ceux que j'ai arrêté de voir.

J'ai toujours voulu en savoir davantage à ce sujet-là, et je peux vous assurer que ça n'a pas été facile. Mais c'était impressionnant !

Le jour où tu auras confiance en toi, le jour où tu prendras conscience que tu as tout ce qu'il te faut et que tu recevras toute l'aide dont tu as besoin au moment propice, alors tu connaîtras la liberté.

Et pour que ce jour-là arrive, il faut avoir l'esprit ouvert et s'autoriser à ressentir ces émotions qui ont tendance à nous effrayer. Car ce n'est que lorsque tu t'autoriseras à les ressentir que tu seras en mesure de traverser ce qui te fait peur et de t'apercevoir que de l'autre côté commence la liberté.

Combien de fois la vie nous offre ce dont nous avons besoin et nous refusons de le voir car cela nous fait peur! Ou parce que nous sommes tellement obnubilés par ce que nous ne possédons pas que nous ne voyons pas ce qui s'offre à nous.

Combien de fois nous voulons aider des gens que nous voyons souffrir et ceux-ci ne se laissent pas aider!

Aimer, cela veut dire laisser être et donner à chacun la liberté d'être, de choisir, de partir ou de rester, d'aimer ou de se faire du mal.

Aimer, c'est avoir confiance. Et pour aimer sans craindre de perdre, il faut d'abord vraiment s'aimer soi.

Alors tu pourras poser comme base de l'amour le détachement et non le besoin. Et j'espère continuer d'apprendre beaucoup dans ce domaine, parce que c'est là que commence notre liberté : à partir du détachement et de la confiance.

Si quelque chose t'angoisse, analyse les pensées qui se cachent derrière cette émotion et ce sur quoi tu te focalises.

Placer nos attentes en dehors de nous-même est l'une des plus grandes sources de frustration, de déception et de douleur qui soit.

C'est une erreur fréquente. En règle générale, nous attendons beaucoup des autres. Et au final nous sommes souvent déçus.

Le foyer de nos attentes ne doit jamais se situer en dehors de nous-même, ou il se trouve hors de notre portée.

Ta personne est le seul territoire où tu peux agir directement. Tu peux faire confiance aux autres, mais n'attends rien d'eux. Les autres peuvent nous apporter leur soutien, leur affection et aller dans notre sens. Et nous devons l'accepter comme un cadeau, en aucun cas comme une exigence ou une obligation.

Lorsqu'il te manque quelque chose, il est normal que tu attendes de tes proches qu'ils te soutiennent.

Seulement, chacun doit mener ses propres batailles et faire face à ses défis personnels. Et ceux dont nous attendons de l'aide ne sont pas toujours ceux qui peuvent nous l'apporter, car il est possible qu'eux aussi aient besoin d'aide au même moment.

Cela étant, nous oublions **qu'il existe en nous une source infinie d'amour et de paix**. Nous possédons toutes les ressources et l'amour nécessaires en nous, mais nos pensées et notre environnement font tellement de bruit que nous ne nous en rendons pas compte. Mais je peux te garantir que celui qui recherche le silence en lui-même le trouvera.

UN RÊVE ÉLOQUENT

Il y a quelques années, alors que j'avais déjà entamé le processus de me connaître moi-même, j'ai fait un rêve éloquent.

J'ai rêvé que je voyageais dans la remorque d'un énorme camion chargée d'arbres immenses. Je me trouvais au cœur d'une forêt plantée d'arbres géants, en Californie. Soudain, de manière instinctive, j'ai commencé à déplacer les troncs et à les pousser sur un côté. C'est alors que j'ai entendu un faible son en provenance du tas de troncs. C'étaient des pleurs à peine audibles.

Je me suis précipitée, car cela ne faisait pas l'ombre d'un doute : il y avait quelqu'un là-dessous. Quelle ne fut pas ma stupéfaction quand je me suis aperçue qu'il s'agissait d'une fillette d'à peine 2 ans. Elle souffrait de multiples contusions, mais elle était vivante !

Qu'elle ait pu survivre au poids de ces troncs était miraculeux. Une fois l'enfant libérée, je l'ai prise dans mes bras et l'ai couverte de baisers.

Et alors, à ma grande surprise, j'ai remarqué que ses blessures et ses contusions disparaissaient. Et qu'au fur et à mesure elle grandissait et était de plus en plus rayonnante.

Au bout de quelques minutes, elle était tout à fait guérie et heureuse, et ressemblait à une petite fille de 7 ans. Même sa robe blanche resplendissait.

Dans ce rêve, j'ai clairement vu l'effet guérisseur de l'amour. L'amour guérit tout. Et je me suis aussi rendu compte que la petite fille trouvée dans le camion, c'était moi. C'était celle que j'avais enfouie en moi il y a des années, parce que je ne voulais pas écouter ses rêves.

Nous avons tous en nous cet enfant. Cet enfant qui à l'époque ne comprenait pas grand-chose, et c'est pour cela qu'il te réclame et te demande de l'aimer. Or, l'amour que tu lui donnes, celui que tu te donnes à toi-même, c'est le seul amour qui peut guérir de tout.

Cet enfant qui vit en toi, prends-le dans tes bras et dis-lui combien tu l'aimes. Donne-lui tout ce qu'il attend de recevoir.

« Rien n'a de sens sauf celui que tu lui donnes. »

Laín García Calvo

Chacun considère sa vie selon son propre point de vue, un point de vue déterminé par nos croyances, lesquelles configurent notre système de pensée. Chaque être humain étant un monde en soi, il y a autant de mondes que d'interprétations possibles.

Pendant des années, j'ai passé mon temps à interpréter les actes et les mots de ceux qui comptaient pour moi et à tenir leurs propos quasiment pour des vérités absolues. Ce qui me faisait parfois beaucoup souffrir.

Cela provient de notre tendance naturelle à interpréter ce qu'on nous dit ou ce qui nous arrive en fonction des pensées qui nous habitent.

Le plus beau, c'est que nous avons toujours la liberté d'interpréter ce qui nous arrive, en bien ou en mal. C'est notre décision, notre choix, étant donné que jamais nous ne pourrons nous glisser dans l'esprit d'une autre personne pour examiner ses pensées.

LA THÉORIE DU MIROIR

Chaque être qui passe dans ta vie te montre quelque chose de toi.

Ceux que nous côtoyons font office de miroirs qui nous montrent (reflètent) ce que nous avons en nous.

Ainsi, quand tu admires telle ou telle facette d'une personne, c'est parce que tu reconnais là quelque chose. Toi aussi tu possèdes ce qui déclenche en toi de l'admiration, bien que tu ne l'aies pas encore découvert.

Il en est de même quand quelque chose, chez l'autre, t'irrite ou te rebute. Inconsciemment, tu reconnais là un aspect de toi qui ne te plaît pas, que tu n'as pas accepté, que tu réprimes ou que tu ne veux pas voir, soit parce que tu en as honte, soit parce que tu ne l'assumes pas. Il peut y avoir beaucoup de raisons cachées.

Combien de fois accusons-nous une personne ou nous mettons-nous en colère alors qu'en réalité elle est tout simplement en train de nous montrer quelque chose de nous que nous refusons de reconnaître.

Quand tu détournes le regard parce que tu n'aimes pas ce que tu vois, tu nies une partie de toi-même.

Tu rejettes un enseignement qui te permettrait de dépasser tes peurs et de progresser dans la connaissance de toi.

Se confronter, ce n'est rien d'autre que se placer devant ce que nous ne voulons pas voir, car c'est justement là que se trouve l'enseignement dont nous avons besoin.

Par ailleurs, nous avons également tendance à projeter chez autrui ce que nous ressentons.

Si tu te sens peu sûr de toi, en manque d'affection, il est probable que chaque fois que quelqu'un te fera une remarque, tu perdes confiance et que tu n'y croies pas. Pourquoi ? Parce que nous projetons ce que nous avons en nous.

Si tu es stressé ou préoccupé, il se peut que dès que tu notes quelque chose d'étrange chez quelqu'un tu en conclues qu'il est lui aussi stressé ou préoccupé. Alors qu'en fait, non. Tu projettes simplement ce qu'il y a en toi.

De la même manière, quand tu es heureux, que tu as le sentiment de rayonner, tu as l'impression que ceux qui t'entourent le sont également.

Nous sommes tous des miroirs. C'est pour cette raison que je dis sans cesse que chaque personne qui apparaît dans ma vie est un cadeau, car elle me montre quelque chose de moi, quelque chose d'important qui m'aidera à poursuivre mon apprentissage et mon chemin.

DIFFÉRENTES FAÇONS D'AIMER

Combien d'entre nous ne se sentent pas aimés parce qu'on ne les aime pas à la mesure de leurs attentes ?

Pourquoi souffrons-nous quand les autres ne se comportent pas comme nous le voudrions ?

Dans 90 % des cas, le problème, ce n'est pas qu'on ne t'aime pas, mais plutôt que chacun a sa façon de concevoir l'amour.

Chacun a sa manière d'aimer, de montrer l'amour et l'affection qu'il ressent.

Il y a ceux qui sont plus visuels, ceux qui sont plus auditifs et ceux qui sont plus émotionnels. En fonction du type de personne que tu es, tu recevras avec plus ou moins de force les preuves d'amour visuelles, auditives ou émotionnelles.

Il y a ceux pour qui il est plus facile de montrer leur amour que d'exprimer les sentiments avec des mots. D'autres qui auront plus de mal à s'exprimer à l'écrit qu'à l'oral. Certains seront très attentifs aux aspects purement matériels, et d'autres, aux mots et aux gestes.

Il est important de se rappeler que chacun voit sa réalité selon son propre point de vue. Chacun est attentif à un certain type de gestes. Tout dépend, une fois encore, de nos croyances, de ce que nous avons observé au sein de notre famille et dans notre environnement durant les premières années de notre vie.

Si quelqu'un n'a jamais entendu ses parents lui dire « Je t'aime », si ces derniers l'ont rarement pris dans leurs bras ou embrassé, il est probable que cette personne, adulte, aura des difficultés à exprimer ses sentiments ou à montrer de l'affection.

Combien de fois n'avons-nous pas jugé les sentiments des autres parce que leurs actes ne correspondaient pas à ce que nous espérions les voir manifester ?

Mais maintenant, tu le sais : chaque fois que tu émets un jugement, c'est ton mental qui, en fonction de ses croyances, émet un jugement. Ce n'est qu'une opinion de ton mental, et seulement cela.

Prenons l'exemple d'une mère au foyer qui doit s'acquitter des tâches ménagères, tenir la maison, s'occuper du linge, faire les courses, préparer les repas. Si son mari et ses enfants lui prêtent main-forte, elle se sentira probablement aimée.

Il y a des personnes qui ont besoin de mots, d'autres qui ont besoin de gestes. Il y a des personnes pour qui le seul fait de leur accorder un peu de temps ou de leur téléphoner les rendra immensément heureuses.

Ce qu'aimer veut dire pour toi n'est peut-être pas ce qu'il y a de mieux pour les autres.

Il y a des gens (beaucoup) qui pensent qu'aimer, c'est s'inquiéter pour l'autre et le mettre constamment en garde contre ce qui peut lui arriver de pire. Ou le reprendre quand, selon eux, il fait quelque chose de mal, car, selon leur jugement, il fait fausse route.

C'est terrible. Combien de fois avons-nous pu faire du mal en donnant notre avis, combien de fois avons-nous exercé de l'influence sur ceux que nous aimons ? Je vais te le dire : souvent.

Premièrement. Quand tu préviens quelqu'un de tout ce qui peut lui arriver de mauvais s'il emprunte tel ou tel chemin, tu attires son attention sur la peur et les soucis. Inconsciemment, cet impact émotionnel imprimera une certaine direction dans son mental et déclenchera les systèmes d'alerte. Sauf si cette personne est très sûre d'elle, il est probable qu'elle entre dans une phase de stress (préoccupation).

Le stress perturbe la connexion entre les deux hémisphères cérébraux, provoquant un blocage. Nous sommes moins rapides, nous avons les idées moins claires, nous sommes moins à même de prendre des décisions ou de passer à l'acte. Avec la meilleure intention du monde, tu as modifié son objectif, son approche. Tu as dévié son regard, de la motivation à la peur.

Ma question est la suivante : qui est-on pour saboter la motivation des gens, quand bien même on les aime ? Avant de donner ton avis, rappelle-toi que tu es conditionné par ta façon d'observer le monde, selon tes croyances et ton expérience. Mais c'est ton monde. Chaque être humain est un monde.

Deuxièmement. Nous avons tous besoin d'expérimenter pour apprendre. Quand tu dis à un enfant : « Ne fais pas ça, tu vas tomber », l'enfant ne le comprend pas. Il a besoin de passer par la chute pour tirer un enseignement de l'expérience. Tout comme nous, adultes, continuons d'expérimenter pour apprendre.

Troisièmement. Ce n'est pas grave de se tromper. Combien de fois nous a-t-on effrayés, craignant que l'on fasse un mauvais choix ? Alors qu'en réalité, ce qui est vraiment mauvais, c'est de ne rien faire de peur de se tromper. Rester immobile : ça oui, c'est une erreur.

On ne se trompe jamais, on apprend toujours.

IL M'AIME, IL NE M'AIME PAS

Désormais, chaque fois que j'entends quelqu'un se plaindre ou déclarer que l'autre ne l'aime pas, car s'il l'aimait il se comporterait différemment, je me fais cette réflexion : « La pauvre (ou le pauvre), il ne se rend pas compte du mal que lui fait l'opinion de son propre mental. »

C'est comme lorsqu'un couple se sépare et qu'ils te disent : « En fait, elle ou il ne m'a jamais aimé(e). »

Rien n'est moins sûr. **L'amour est toujours réel.** Chaque fois que tu as ressenti de l'amour, c'était réel. Qu'il y ait des problèmes de communication, de confiance ou de dépendance, c'est une autre question. Mais l'amour est là.

Quand une relation s'achève, il est très facile de botter en touche et de rejeter la faute sur les autres. Mais en réalité, les véritables motifs de la rupture résident toujours en nous-même. Chaque membre du couple, consciemment ou inconsciemment, a été le créateur de cette réalité : parfois parce que nous ne nous connaissons pas vraiment, et que nous nous mettons en couple avec quelqu'un qui ne peut pas nous donner ce que l'on attend tout simplement parce qu'il ne le possède pas ; d'autres fois parce que nous ne savons pas exactement ce que nous voulons et que l'autre ne sait pas non plus ce qu'il veut.

Il peut y avoir mille raisons derrière les problèmes de couple. Mais la raison numéro un des conflits relationnels est le fait que nous ne nous aimons pas suffisamment nous-même et que nous recherchons chez l'autre ce que nous nous refusons à nous-même.

LA THÉORIE DES PARCELLES

Je me représente le cœur de chaque être humain comme un champ infini divisé en parcelles. Chaque être qui traverse notre vie y sème un peu d'amour et cultive l'une de ces parcelles.

Certains cultivent de toutes petites parcelles, d'autres cultivent d'immenses parcelles. Mais tous sèment quelque chose.

Seulement, toutes les parcelles ne peuvent pas être semées par les autres. Chacun possède une série de parcelles au centre de son cœur que lui seul peut cultiver. Ces parcelles sont celles qui vont te permettre d'avoir confiance en toi et te garantir la stabilité.

Tu es le seul qui peut semer de l'**amour** sur ces parcelles. Et tant que tu ne l'as pas fait, tu vas errer dans la vie, cherchant l'amour en dehors de toi, chez les autres.

Voilà pourquoi tant de gens confondent relations de dépendance et amour. Voilà pourquoi tant de gens souffrent de désamour.

Ils pleurent et se plaignent, car ils ne se sentent pas estimés ou aimés. Alors qu'en réalité ils ne se rendent pas compte que le plus important, ce qu'ils doivent commencer par faire, c'est de s'aimer eux-mêmes. Se donner à soi tout l'amour que l'on réclame aux autres.

Par expérience, je sais que rien ne génère plus de souffrance que d'essayer d'aimer les autres sans s'aimer soi-même. Celui qui ne s'aime pas ne peut pas aimer les autres de manière inconditionnelle, étant donné qu'il y a un vide dans son âme que lui seul peut combler.

Combien souffrent de ne pas se sentir aimés alors qu'en réalité ils le sont ?

En effet, tant que tu ne sèmeras pas l'amour sur les parcelles que tu es le seul à pouvoir cultiver, tu ressentiras un manque d'amour, la perte et l'abandon. Car tu t'es abandonné, tu ne t'es pas donné cet amour que tu es le seul à pouvoir te donner.

Et donc, quand tu entreprends de cultiver tes parcelles, tu commences à voir le monde d'une tout autre façon, car tu t'aimes, tu débordes d'amour, tu es rayonnant et magnifique. Et, sans même t'en rendre compte, grâce à cet amour que tu irradies et transmets, tu commences à attirer d'autres personnes.

Alors tu peux entretenir une relation amoureuse sans rien attendre en retour, sans dépendre de l'autre. Et c'est à ce moment-là que tu rencontres les meilleurs compagnons de voyage.

« Ne marche pas devant moi, je ne te suivrai peut-être pas. Ne marche pas derrière moi, je ne te guiderai peut-être pas. Marche juste à côté de moi et sois simplement mon ami. »

Albert Camus

Il n'est pas nécessaire de tout comprendre pour avoir confiance.

L'APPRENTISSAGE DES LENTILLES

Il y a des années, alors que je traversais une période où j'avais perdu tout espoir de voir ma vie changer, j'ai décidé de tenter une expérience. Il y avait beaucoup de choses que je ne comprenais pas, ce qui bloquait ma capacité à croire au changement.

Alors j'ai voulu essayer avec des graines. J'ai semé des graines de tomate que j'avais moi-même fait sécher à la maison. Pendant des semaines, je n'ai rien vu. J'en suis même venue à douter qu'il puisse en sortir quelque chose. Ça a pris beaucoup plus de temps que ce que j'avais lu, mais finalement toutes les graines ont germé, donnant d'abord une pousse puis une plante. J'ai renouvelé l'expérience avec des graines de poivron, de lentilles, des pépins d'orange et de citron. J'en ai tiré chaque fois un enseignement différent.

Quoi de mieux, pour croire au changement, que d'expérimenter à travers la nature elle-même ?

Si une minuscule particule, apparemment sans vie, a été capable de donner une plante sans que j'y comprenne quoi que ce soit, alors je pouvais avoir confiance dans le cours de la vie sans qu'il me soit nécessaire de comprendre tout ce qu'il se passait autour de moi.

Je ne comprenais toujours pas comment cela pouvait se produire, mais par le seul fait de visualiser le résultat, j'ai commencé à avoir confiance. Cette petite expérience a été suffisante pour donner vie à une croyance très positive dans mon subconscient. Dès lors, il m'est arrivé plein de choses qui ne m'étaient jamais arrivées auparavant. Pourquoi ? Simplement parce que j'avais déroulé une nouvelle autoroute dans mon subconscient.

Plus tard, j'ai compris que la clé pour me motiver et amorcer un changement dans ma vie ne résidait pas dans la compréhension du processus, mais dans la visualisation du résultat.

Si mon mental était capable de le voir, alors il était capable de trouver la motivation pour y parvenir. Et en même temps, de l'attirer à moi. Visualiser le résultat construit un pont dans ton mental qui te permet d'atteindre ton objectif, et qui permet à ton objectif de t'atteindre.

Avec les expériences des graines, j'ai aussi découvert l'importance que revêtent le terrain et l'atmosphère dans laquelle celles-ci poussent. Et pour pousser, elles ont besoin d'espace. Que ce soit au-dessus ou en dessous. Si le pot est trop petit, la racine ne pourra creuser davantage et va s'enrouler sur elle-même, ce qui va avoir des conséquences sur la croissance de la plante à l'extérieur du pot. Elle va perdre des forces et ne poussera pas autant.

J'ai appris qu'il était très important de créer un espace pour pouvoir grandir dans tous les sens du terme, d'être plongé dans une atmosphère saine qui puisse te nourrir mais aussi d'éviter les ambiances toxiques.

QUE VEUX-TU ? ÊTRE HEUREUX OU AVOIR RAISON ?

Un des grands besoins de l'être humain, selon Maslow, est le besoin de reconnaissance. Nous avons tous besoin de sentir cette reconnaissance et de sentir que nous avons raison.

Seulement, nous oublions souvent qu'il suffit que nous nous donnions nous-même raison. Quand tu t'appuies uniquement sur toi-même, tu n'as pas besoin que les autres t'approuvent.

Sur ce point, il y a un lien entre l'estime de soi et le besoin d'avoir raison.

Si tu ne t'aimes pas pleinement toi-même, si tu ne t'accordes pas le soutien dont tu as besoin, tu seras dépendant de l'approbation des autres et il te faudra aussi imposer ta façon de voir. Ce qui peut à la fois générer une grande frustration et des discussions absurdes.

APPRENDRE À AVOIR CONFIANCE

Une des expériences dont j'ai tiré le plus d'enseignement a été l'apprentissage de l'escalade. Quand tu apprends l'escalade, tu apprends à avoir confiance. Tu n'as pas le choix.

Je me rappelle mon ami Sebastián qui, accroché à un anneau fixé à la paroi au-dessus de moi, me tendait une corde.

Nous étions dépendants de la même corde. Sebastián m'assurait. Je regardais vers le haut, et emprunter ce chemin me paraissait complètement insensé. Je pensais : « Je ne peux pas. Je suis folle de faire ça. On ne peut pas grimper par là. » Et pourtant je le voyais (ou l'entendais) tout là-haut, un grand sourire aux lèvres, et rien que cela me donnait confiance. Lui me disait : « Rut ! Tu peux le faire ! Bien sûr que tu peux le faire ! »

Ce jour-là, j'ai compris qu'il s'agissait d'avoir confiance. De me concentrer sur le fait que j'étais capable de réussir et d'oublier la peur de tomber. De me concentrer sur la récompense, et non sur le risque.

Après tout, j'étais bien arrimée. Je n'allais pas tomber.

Et le plus incroyable, dans tout ça, c'est que petit à petit j'ai atteint mon objectif. Je suis parvenue tout en haut.

Chacun de mes pas renforçait cette croyance : « Waouh ! Je pensais que je n'y arriverais pas, et je l'ai fait. » La peur me lançait un défi à chaque centimètre de mon ascension. Mais moi, je pensais déjà : « Si j'ai réussi à le faire, je peux le refaire maintenant. Si lui peut le faire, moi aussi je peux y arriver. »

J'ai fini par rejoindre Sebastián. C'était incroyable. Voilà une des expériences qui m'a le plus aidée à avoir confiance en l'autre. Et à transformer les « Je ne peux pas » en **« Oui, je peux le faire ! »**

« Que vous pensiez être capable ou ne pas être capable, dans les deux cas vous avez raison. »

Henry Ford
Fondateur de Ford Motor Company

8

SOIS AMOUREUX (DE TOI-MÊME)

CROIS EN TOI

« TOUS VOS DONS VOUS ONT ÉTÉ ACCORDÉS POUR UNE RAISON : EN FAIRE USAGE ET LES PARTAGER AVEC LE PLUS GRAND NOMBRE. VOUS AVEZ BESOIN DE COMMENCER À PENSER EN GRAND ET À AIDER DES MILLIERS DE PERSONNES, VOIRE DES MILLIONS. PLUS VOUS AIDEZ DE PERSONNES, PLUS VOUS VOUS ENRICHISSEZ MENTALEMENT, ÉMOTIONNELLEMENT, SPIRITUELLEMENT ET, SANS AUCUN DOUTE, ÉCONOMIQUEMENT. MAIS SI VOUS FAITES LE PARI DE NE SUIVRE QUE VOTRE EGO ET DE LAISSER TOUT CE QUI VOUS ENVIRONNE TOURNER AUTOUR DE VOUS ET DE VOUS SEUL, JAMAIS VOUS NE CONNAÎTREZ LA VIE QUE VOUS ÉTIEZ AMENÉ À CONNAÎTRE. LE MONDE N'A PAS BESOIN D'AUTRES PERSONNES QUI JOUENT PETIT. LE MONDE A BESOIN QUE

VOUS COMMENCIEZ À JOUER GRAND. ALORS ARRÊTEZ DE VOUS CACHER ET SORTEZ. ARRÊTEZ DE QUÉMANDER ET PRENEZ L'INITIATIVE. PARTAGEZ VOS DONS. ARRÊTEZ DE LES DISSIMULER OU DE PRÉTENDRE QUE VOUS N'EN AVEZ AUCUN. »

T. Harv Eker
Auteur, formateur et orateur motivationnel

Nous avons une capacité d'aimer infinie et pourtant, comme la plupart des gens ne s'aiment pas eux-mêmes, le monde est en manque d'amour.

Que signifie réellement s'aimer soi-même ?

Imagine que tu dépenses tout l'argent que tu possèdes pour faire un cadeau à l'être que tu chéris le plus. Tu lui achètes un cadeau unique au monde. Spécialement pour lui. À l'intérieur du paquet, il y a un chèque en blanc sur lequel il pourra écrire la somme qu'il veut, et il recevra cette somme.

Comment le prendrais-tu si, alors que tu lui offres ton cadeau, celui que tu aimes a honte et le cache dans un placard afin que personne ne le voie ? Comment le prendrais-tu s'il venait à oublier ton cadeau ? Est-ce que tu lui en ferais un autre ?

Que penserais-tu si tu entendais celui ou celle que tu aimes tant se plaindre constamment ? Comment te sentirais-tu si tu voyais cette personne plus souvent triste que souriante ? Comment te sentirais-tu si tu la voyais être toujours plus exigeante envers elle-même et se reprocher tout ce qu'elle ne fait pas bien ? En ayant le sentiment qu'elle ne vaut pas grand-chose, qu'elle n'est pas capable, qu'elle ne mérite pas d'atteindre des objectifs donnés ?

Toi, tu sais ce qu'il y a à l'intérieur de ce cadeau, tu sais que dans ce cadeau il y a un chèque en blanc, que tu lui as donné le pouvoir de choisir ce qu'elle veut, ce qu'elle désire vivre. Mais elle ne l'a même pas ouvert.

Eh bien, ce cadeau, c'est **ta vie**. Ta **vie** qui t'a **tout** donné. Et quand je te dis **tout**, j'entends par là tout ce dont tu as besoin pour obtenir ce que tu veux.

Tu ne le vois peut-être pas, mais ta lumière et ton potentiel sont en toi. Une fois de plus, nous nous laissons guider par nos sens, lesquels sont configurés pour percevoir le monde extérieur, et non le monde intérieur.

Ta vie t'a toujours aimé. Elle t'a accordé des dons pour que tu en profites et que tu les mettes au service de l'humanité.

Ta vie, ton âme t'aiment depuis la nuit des temps. Elles s'efforcent de te faire comprendre combien **tu** es grand, précieux, aimé et important.

> *« Rien de plus grand que toi n'a jamais existé, rien de plus grand que toi n'existera jamais. »*
>
> **Frank Maguire**
> Cofondateur de Federal Express, auteur et conférencier

Ainsi, chaque fois que nous oublions ou cachons notre lumière, notre âme souffre. Ton âme souffre quand tu ignores ta grandeur, quand tu ne t'aimes pas, quand tu n'aimes pas, quand tu ne t'estimes pas, quand tu méprises les gens autour de toi. Parce que ton âme est amour, elle vient de l'amour.

LA VIE EST SEMBLABLE À UNE GRANDE PLACE BOURSIÈRE

Chacun décide combien investir, quels risques courir et, de la même manière, chacun décide de la valeur qu'il s'attribue à lui-même. Et en fonction de la valeur que tu t'attribues, tu peux investir plus ou moins dans le grand marché de la vie. Si tu penses que tu vaux peu, tu risqueras certainement peu et tu gagneras peu.

La règle est simple. Si, au contraire, tu penses que tu vaux beaucoup et que tu mérites beaucoup, et si tu as le courage de prendre des risques et d'investir beaucoup, tu recevras beaucoup. Mais si tu n'as pas le courage de prendre des risques et si tu as très peur de perdre, eh bien tu ne prendras aucun risque et tu ne recevras rien en retour.

La vie est comme un immense champ où chacun dispose d'autant de parcelles qu'il le souhaite. Combien de parcelles veux-tu semer ? Une, deux, dix, cent, mille... Si tu sèmes de nombreuses parcelles de persévérance et d'amour, si tu arroses la terre et prends bien soin d'elle, la récolte sera belle.

« Demandez et on vous donnera, (...)
frappez et on vous ouvrira. »

Matthieu, 7,7

« Chacun récolte ce qu'il sème. »

Bouddha

Si tu donnes des pommes à la vie, la vie te donnera des pommes.

Recevoir plus ou moins : de quoi cela dépend ?

Premièrement, cela dépend de **la valeur que tu t'attribues**. C'est en fonction de cela que tu auras le courage ou non d'investir.

Deuxièmement, si tu crois en toi, **tu entreprendras les actions nécessaires**, indépendamment de la peur que tu peux éprouver, de ton sentiment d'insécurité et de ce que les autres te disent.

Troisièmement, obtenir ce que tu aimes dépendra de ta **persévérance**. La plupart des gens se découragent et baissent les bras à la moindre difficulté, justement parce qu'ils ne croient pas en eux-mêmes.

Suivant cet ordre, nos principales erreurs sont : une faible estime de soi, la peur et la précipitation. Les grands entrepreneurs et les grands investisseurs savent parfaitement qu'un investissement important demande du temps et de l'engagement. Les gros investisseurs savent pertinemment qu'ils doivent d'abord investir en eux.

TON MENTAL EST LA MEILLEURE VALEUR DANS LAQUELLE TU PEUX INVESTIR

C'est la clé de tout. Et cette clé, elle est en toi, pas dans les circonstances ou dans le monde extérieur.

Lorsque tu t'armes de **courage** et d'**amour** pour **prendre** des **décisions**, **celles-ci seront récompensées** en fonction de la **valeur que tu t'attribues**.

Même si tu ne sais jamais de quelle manière elles seront récompensées. Parfois, nous attendons de certaines personnes qu'elles nous comblent et nous donnent ce que nous méritons et souhaitons ardemment, mais elles ne nous donnent pas toujours ce que nous attendons. Soit parce que ce n'est pas le bon moment, soit parce qu'elles ne possèdent pas ce que nous attendons d'elles.

À l'époque où j'ai découvert le projet de ma vie et ma véritable vocation, je n'avais presque pas d'argent de côté. Mais le chemin qui s'ouvrait à moi m'apparaissait si clairement que j'ai tout quitté. J'ai quitté mon travail et j'ai décidé de rentrer en Espagne pour me former comme préparatrice mentale et émotionnelle, pour pouvoir travailler dans mon domaine de prédilection, à savoir aider les gens à croire en eux-mêmes, les guider à travers leur mental pour qu'ils puissent découvrir leur véritable potentiel.

Depuis que j'ai commencé à appliquer dans ma vie les principes que j'enseigne aujourd'hui, celle-ci n'a pas cessé de me démontrer que chaque fois que nous demandons quelque chose, l'univers, Dieu ou la vie elle-même trouve le moyen de nous l'accorder.

Il suffit de demander et d'avoir confiance dans le fait que tu le recevras. Dès l'instant où tu t'arrêteras de douter, et au moment où tu t'y attendras le moins. **Tout arrive. Demande, crois, agis** sans **trop accorder d'importance** au **résultat**. N'en fais pas toute une histoire. Quand tu comprendras, quand tu découvriras que tout cela est vrai, tu comprendras qu'il ne sert à rien de s'inquiéter. Car tout arrive quand tu œuvres, quand tu as confiance en toi, quand tu agis et quand tu profites.

Rien n'arrive par hasard. L'enchaînement est simple. **Si tu crois en toi** et que **tu es conscient de ce que tu vaux**, tu suivras ton **intuition** et **les actes que tu entreprendras**, à force de **temps** et de **persévérance**, **porteront leurs fruits**.

Si tu ne t'estimes pas à ta juste valeur, comment veux-tu que les autres le fassent ?

Désormais, je suis contente de ce que je vaux, très contente même, et j'ai pleinement confiance en moi et dans le fait que la vie me donne tout ce dont j'ai besoin à chaque instant. Mais ça n'a pas toujours été le cas. Avant, je manquais terriblement d'assurance. Je déléguais constamment mon pouvoir.

L'IMPORTANCE DE CROIRE EN SOI

Quand je devais rendre mon projet de fin d'études, lorsque j'étais en école d'architecture, j'avais l'impression que jamais je n'irais jusqu'au bout. Je ne voyais pas du tout comment y parvenir. Mais le jour où ma meilleure amie a déposé le sien, j'ai pu voir de près comment cela se passait. Dans notre petit groupe, chaque fois que l'une d'entre nous était sur le point de déposer son projet, nous nous entraidions.

En voyant en quoi cela consistait et en constatant qu'elle avait pu le faire, je me suis dit : « Si elle y est arrivée, moi aussi je peux le faire. »

Puis les doutes ont repris le dessus. J'étais à deux doigts de jeter l'éponge, quand je me suis rendu compte que pour mes amies, c'était l'évidence même : j'étais tout à fait capable de déposer mon projet à la session suivante. Je n'en croyais rien, mais elles, si.

Je me suis appuyée sur leur croyance, et un mois plus tard je délivrais mon projet de fin d'études.

Cette sensation m'a accompagnée pendant des années. Je constatais que l'on croyait en moi et en mes capacités, et que parfois je n'en étais pas totalement consciente moi-même. Tout simplement, je faisais confiance à mes amies et j'allais jusqu'au bout.

Mais il y avait un revers à la médaille : quand quelqu'un qui comptait pour moi doutait que je puisse réussir. J'étais alors gagnée par la peur et un sentiment d'insécurité, et je finissais par échouer.

Pendant des années, comme je ne croyais pas en moi, j'ai remis mon pouvoir entre les mains de ceux en qui j'avais confiance.

À une époque, j'étais si peu sûre de moi que je ne prenais aucune décision sans avoir consulté ma sœur (cadette). Je lui confiais toute la responsabilité. Ça a été la plus grande relation de dépendance que j'ai eue. Ce n'est qu'avec le temps que j'ai compris que je lui faisais porter un poids énorme.

Que s'est-il passé ? Eh bien, quand j'ai voulu récupérer ce pouvoir, assumer ma responsabilité et commencer à vivre ma propre vie, je ne savais pas faire – et ma sœur non plus. Inconsciemment, elle a continué d'endosser le rôle du protecteur. Car c'est celui que je lui avais attribué toutes ces années.

Nous sommes responsables de tout ce qui nous arrive. Autant si nous assumons ouvertement notre responsabilité que si nous la déléguons.

Ce que tu vois est le résultat
de ce que tu ne vois pas.

VEUX-TU SAVOIR SI TU T'AIMES VRAIMENT ?

1. Est-ce que tu fêtes tes réussites ?
a) Oui.
b) Non.

2. Tu t'en veux quand tu te trompes ou fais une gaffe ?
a) Oui.
b) Non.

3. Est-ce que tu es constamment en train d'exiger plus de toi-même ou de t'adresser des reproches ?
a) Oui.
b) Non.

4. Veux-tu être parfait ou t'accordes-tu le droit à l'erreur ?
a) Je veux être parfait.
b) Je m'accorde le droit à l'erreur.

5. Est-ce que tu as besoin d'avoir toujours raison ?
a) Oui.
b) Non.

6. Quand les autres n'ont pas le même avis que toi, as-tu le sentiment que leur point de vue t'enrichit ou est-ce que ça te blesse ?
a) Ça m'enrichit.
b) Ça me blesse.

7. As-tu constamment besoin que ton compagnon, ta compagne ou tes proches te témoignent leur amour ?
a) Oui.
b) Non.

8. Combien de temps t'accordes-tu quotidiennement ?

a) Moins de 30 minutes par jour.

b) Plus de 30 minutes par jour.

9. Que penses-tu de toi quand tu te regardes dans le miroir ?

a) Je fuis les miroirs : je n'aime pas me regarder.

b) Je me sens génial ! J'adore les miroirs.

10. Tu racontes à un ami quelque chose qui a de l'importance pour toi et il n'est pas d'accord avec toi. Quel est l'avis qui compte le plus à tes yeux ? Le sien ou le tien ?

a) Le mien.

b) Le sien.

Tu trouveras les résultats à la fin de ce chapitre.

LA CONFIANCE EN TOI SE RENFORCE QUAND TU AS L'IMPRESSION QUE CEUX QUI COMPTENT LE PLUS POUR TOI S'ÉLOIGNENT ET QUE, MALGRÉ TOUT, TU CONTINUES D'ALLER DE L'AVANT ET DE CROIRE EN TOI.

Dans la vie, **tout** est une question de priorités. Nous nous plaignons sans arrêt! Mais combien de temps te consacres-tu? Combien de temps et d'argent consacres-tu à ton développement personnel? À améliorer ton alimentation? Profiter de la vie? Faire du sport? Lire un livre qui t'aide à gagner en qualité de vie?

Tout se génère de l'intérieur vers l'extérieur et non l'inverse. Nous ne sommes pas victimes des situations qui se produisent. Nous sommes les générateurs de nos vies, nous en sommes responsables.

Si tu prenais conscience du pouvoir de tes pensées, tu essaierais toujours de voir le côté positif des choses.

Si tu savais que tout ce que tu persistes à chercher en dehors de toi se trouve en toi, tu arrêterais de chercher en permanence l'assentiment et la reconnaissance des autres.

Si tu prenais conscience que tu n'es jamais seul, qu'il n'y a rien à craindre et que l'univers te soutient à tout moment, répondant à chacune de tes demandes, tu vivrais différemment.

Si tu découvrais le grand amour et le potentiel infini qui résident en toi, la vie te paraîtrait infiniment facile.

Quand tu prends conscience de tout cela, quand tu assainis la relation que tu as avec l'être que tu chéris le plus, c'est-à-dire toi, quand tu t'acceptes toi-même, quand tu te pardonnes et quand tu t'aimes, des choses merveilleuses adviennent et ta vie devient extraordinaire.

Quand tu arrêtes de douter, tu attires à toi
le changement, qui se produit toujours
de l'intérieur vers l'extérieur.

Nous avons eu et nous avons l'immense chance de vivre une époque de transformations profondes. Il nous faut transformer notre façon de vivre et prendre conscience que ce système n'est plus tenable. C'est la responsabilité qui nous incombe.

Grâce au désastre déjà en cours, beaucoup ont compris que ce système économique n'est plus tenable. Nous devons changer les consciences. Or ce changement-là ne viendra pas d'en haut, il viendra de nous-même. Et c'est par l'exemple qu'il fera tache d'huile.

Le monde n'a pas seulement besoin d'être éduqué sur le plan des valeurs, il faut aussi que ceux qui ont des valeurs aient des notions de leadership, de formation, de sorte que, quand ils atteignent le sommet, ils prennent part à la transformation du cours de l'histoire, et que tous ensemble nous nous dirigions vers un système durable pour la planète et pour l'être humain.

Voilà pourquoi je suis infiniment heureuse de vivre à notre époque. De pouvoir participer à cette mission. Jamais je n'avais été aussi consciente de l'énorme chance, du cadeau immense que cela représente d'être en vie ici et maintenant.

« Quand tu brilles avec ta propre couleur,
ceux qui te cherchent te trouvent.
As-tu déjà vu une fleur envier la couleur
de sa voisine ? Une fleur qui a toujours été blanche
et s'est sentie méprisée parce qu'un être humain
a dit que cet été, la mode serait au vert pistache ?
Si tu te déguises, les insectes qui viendront te polliniser
pour répandre ta beauté ne te reconnaîtront pas.
En revanche, si tu es une fleur qui brille avec
sa propre couleur, si ta vie est en lien avec ton
essence, alors tout ce dont tu as besoin pour que la vie
se manifeste sous toutes ses formes viendra à toi.
Le bourdon qui veut te polliniser te dira : "Tu n'as pas
besoin de bouger, tu n'as rien à faire, sois toi-même et
sache que je viendrai à toi pour répandre ta beauté." »

Sergi Torres

Voilà, en substance, le **secret** de la **vie**.

Il n'y a rien de plus attirant que l'authenticité. Chacun d'entre nous est unique et irremplaçable. Découvre ton essence, tes passions, tes talents et profite de ce que tu es.

L'AUTHENTICITÉ NE CONNAÎT PAS LA CONCURRENCE

Je venais juste d'entamer ma préparation de coach quand quelqu'un m'a dit : « Toi aussi ? »

Pendant un temps, je me suis sentie écrasée à l'idée de toute la concurrence que j'allais rencontrer. Rien de plus normal : l'inconnu génère la peur. Et, fort heureusement, la connaissance génère la confiance.

Quelques mois plus tard, j'ai compris ceci : si chacun de nous est unique et irremplaçable, si chacun de nous a certains talents et possède une vocation, tu peux être sûr que personne ne fera jamais exactement la même chose que toi.

« Presque tout ce que vous ferez dans la vie sera insignifiant, mais il est très important que vous le fassiez. Car sinon, personne d'autre ne le fera. »

Gandhi

Je suis persuadée qu'il n'y a jamais eu, et qu'il n'y aura jamais quelqu'un comme **toi**. Nul n'aura exactement les mêmes dons, les mêmes aspirations que toi, nul ne fera exactement tout comme toi et, en définitive, personne ne sera jamais comme toi. Je suis persuadée que, dans la mosaïque de la création, aucun morceau n'est de trop. Chacun de nous est unique.

Par conséquent, tu dois d'abord te demander qui tu es. Je ne parle pas de ce dont tu as hérité, non, il s'agit plutôt de découvrir ce qui te passionne, ce que tu sais faire à la perfection, quels sont tes rêves, tes talents, tes compétences. Ce qui te rend vraiment heureux.

Nous sommes tous très influençables. Pour commencer, nous subissons l'influence de nos parents. Ensuite, celle de nos amis, puis de notre conjoint, de nos collègues, etc. Et, souvent inconsciemment, nous héritons et adoptons les comportements de ceux avec qui nous passons du temps, allant même parfois jusqu'à agir contre notre gré pour leur faire plaisir. C'est pourquoi notre vie ne nous satisfait pas toujours. Peut-être parce que nous n'avons pas consacré assez de temps à nous connaître nous-même, à savoir ce qui nous rend vraiment heureux et ce que nous voulons réellement.

Une fois que tu sais qui tu es, ce qui te rend heureux, quels sont tes talents et ce que tu veux accomplir, l'étape suivante est de devenir celui ou celle que tu es amené(e) à devenir.

En effet, pour obtenir ce que tu désires, tu dois d'abord pouvoir nourrir le rêve que tu veux vivre. De fait, à mesure que tu grandiras, tu verras tes rêves se réaliser. Plus tu grandiras, plus la vie sera généreuse avec toi. Les grands rêves requièrent de grandes personnes.

Si tu te trouves, si tu découvres qui tu es, pourquoi tu es ici, ta vocation, tes dons, ce qui te rend vraiment heureux, si tu fais ce que tu es venu faire sur cette Terre, si tu es à la place qui te correspond, tu ne souffriras pas de la concurrence.

La concurrence survient lorsque tu deviens la copie de quelqu'un. Comme le disait **Oscar Wilde : « Soyez vous-même, les autres sont déjà pris. »**

Trouve ton **authenticité**, ton **essence** ; il ne fait aucun doute que c'est ce qui te rendra **attirant**. Développe ton véritable potentiel et rien ni personne ne pourra t'arrêter.

C'est d'ailleurs l'un des problèmes du système éducatif actuel : on « fabrique » en série. Je sais de quoi je parle. Dans mon école d'architecture, on fabriquait des architectes en série. À peine sortis de l'école, nous étions déjà, pour la plupart, des copies les uns des autres. Cependant, tout au long de sa carrière professionnelle, un bon architecte trouvera son identité, son style, ses idéaux, et personne n'imaginera, ne dessinera, ni ne bâtira la maison de ses rêves mieux que lui.

Il n'y a jamais eu et il n'y aura jamais d'architecte comme Antoni Gaudí, comme Le Corbusier, comme Oscar Niemeyer, tout comme il n'y a jamais eu et il n'y aura jamais quelqu'un comme toi. Tu es l'architecte de ta vie.

Selon moi, une autre raison explique l'effondrement du système actuel. Quand j'étais au lycée, il y avait deux fausses idées qui avaient pignon sur rue. La première, que seuls les plus intelligents intégraient l'université ; la seconde, que seuls ceux qui étaient allés à l'université auraient de bons salaires. Mensonges. Ce n'étaient que des mensonges qui entravaient la motivation et la créativité des élèves.

Que s'est-il passé? Les universités sont devenues à la mode et elles ont saturé le marché du travail. On a formé à tour de bras. La troisième grosse erreur, à mon sens, c'est qu'à l'école on ne nous a pas appris à découvrir nos talents ni à les exploiter. On ne nous a pas appris non plus ce qui nous rend vraiment heureux.

Comme bien d'autres, à 17 ans, j'ignorais tout de mes talents et de ma vocation. Donc, si à 18 ans nous entreprenons des études sans trop bien savoir quelle est notre vocation (moi y compris), trouver les études et le métier qui nous conviennent, c'est un peu comme gagner au loto.

Par ailleurs, je suis persuadée que l'être humain, qui fait partie de la nature, obéit à un ordre parfait. Personne n'est ici par hasard. Mais si nous formons davantage d'architectes, de médecins, d'ingénieurs, de professeurs qu'il n'y a de gens appelés à exercer ces métiers, rien d'étonnant à ce que « l'écosystème » s'effondre. Pourquoi? Parce que nous ne sommes pas des objets produits en série. Nous sommes des êtres uniques.

Pour toutes ces raisons, dès lors que tu parviens à savoir qui tu es et que tu es connecté à ton essence, tes talents, ta vocation, dès lors que tu fais ce pour quoi tu es sur Terre et que tu mets tes talents au service de l'humanité, il se produit des synchronicités en nombre et tout ce que tu as semé portera ses fruits. Il n'y a aucune magie là-dedans, c'est notre nature.

Tu peux bien plus que tu ne l'imagines.
Tu vaux bien plus que tu ne le penses.

S'AIMER SOI-MÊME

Pendant des années, ma vie amoureuse a été catastrophique.

Je ne comprenais pas pourquoi. Je n'ignorais pas que j'étais quelqu'un de bien et de séduisant.

Pour quelque obscure raison, je savais que je pouvais attirer n'importe quel garçon qui me plairait. Et il est vrai que j'ai toujours réussi.

C'est après que ça se gâtait. À peine avais-je fait la connaissance de quelqu'un que tout s'évanouissait. J'avais la sensation qu'il m'échappait des mains, littéralement.

J'ai toujours su percevoir immédiatement ce que chaque personne a de bon en elle. Le fait d'avoir une sensibilité hyper-développée me permet de me connecter aux gens à un niveau plus profond et de voir des choses que, bien souvent, ils ne peuvent pas voir eux-mêmes. C'est un don précieux pour le travail que j'effectue en ce moment. Mais avant que je sache l'utiliser, ce don m'a fait beaucoup de mal.

Je percevais ce que les autres avaient de bon, et immédiatement je les aimais. J'étais capable de voir leurs dons, leur potentiel, mais j'étais incapable de voir les miens.

Pendant des années, mes amis m'ont dit : « Rut, il faut que tu t'aimes toi. » J'en avais marre d'entendre toujours la même chose. Je pensais m'aimer, alors que ce n'était pas le cas. Mais ça, bien sûr, je ne le savais pas.

Alors j'ai demandé : « Et comment on fait ? » Mais personne n'a su me l'expliquer. Puis, des années plus tard, j'ai rencontré Laín. Et là, j'ai compris ce que cela signifiait.

C'est à cette période que ma vie a commencé à changer.

S'AIMER SOI, QU'EST-CE C'EST ? COMMENT FAIT-ON ?

1. S'aimer soi, c'est **admettre que l'on est unique**. Être conscient qu'il n'y a personne comme **toi**. S'aimer, c'est reconnaître sa propre valeur. Reconnaître les dons que tu possèdes. **Tu** n'es ni davantage ni moins que personne d'autre. Tu es magnifique. Nous le sommes tous, potentiellement. Si certains le découvrent et le sont de plus en plus, d'autres n'en ont pas conscience. Mais cette grandeur se trouve en chaque être humain.

2. S'aimer, c'est **s'adresser à soi toujours avec affection**. S'aimer, c'est prendre soin du dialogue intérieur. S'aimer, c'est s'accepter. Être sincère avec soi-même. Reconnaître et accepter ce qu'il y a de merveilleux en toi, mais aussi ce qui est moins beau.

3. Récupère ton pouvoir. S'aimer, c'est accorder plus d'importance à son opinion qu'à celle des autres. S'aimer, c'est ne pas laisser les mots des autres te blesser. S'aimer, c'est donner plus de pouvoir à ce qui est le plus important pour toi. Personne ne peut savoir à ta place, car personne n'est à l'intérieur de toi.

4. S'aimer, c'est **être bienveillant envers soi-même**. S'aimer, c'est ne pas se juger. S'aimer, c'est se pardonner et être patient avec soi et avec son cheminement. Te donner ce dont tu as besoin à chaque instant.

5. Détermine des priorités. S'aimer, c'est tenir pour évident que **tu es l'être qui compte le plus dans ta vie**. Plus que ton enfant, plus que ton compagnon ou ta compagne, plus que tes parents. Car dès lors que tu te délaisseras, tu souffriras de cette perte et tu rechercheras chez d'autres ce que tu te refuses à toi-même. C'est quand tu ne t'accordes pas ce dont tu as besoin que se met en place une relation de dépendance avec tes enfants, ton conjoint, tes parents ou tes amis.

Si tu fais passer les autres avant toi, tu crées un vide en toi, tu négliges une part de toi que personne ne va combler pour toi.

6. S'aimer, c'est **se consacrer un peu de temps chaque jour**. Pour faire quelque chose que tu aimes, qui te détend, qui te donne du plaisir. Réserve un espace pour toi.

7. S'aimer, c'est **croire en toi**. Croire en toi, c'est avancer, quoi qu'il arrive. **Crois en toi**, plus particulièrement quand le monde autour de toi vacille. En croyant en toi, tu renforces tes fondations et ton environnement percevra cette stabilité.

8. S'aimer, c'est savoir s'alimenter, y compris spirituellement.

9. S'aimer, c'est savoir s'entourer des bonnes personnes, et vivre dans une atmosphère qui te nourrit. S'entourer de gens qui t'apprécient, te soutiennent dans tes décisions et stimulent ta croissance personnelle et professionnelle.

10. S'aimer, c'est persévérer dans ce que tu aimes. Interdiction d'abandonner.

11. S'aimer, c'est savoir être ferme. Si ce n'est pas bon pour toi, ce n'est pas bon pour les autres. Apprends à dire « non » sans te sentir coupable.

12. Réclame ce qui t'appartient. Reconnais ce qui t'appartient.

D'OÙ VIENT LA FAIBLE ESTIME DE SOI ?

La faible estime de soi vient de ce que l'on a plus souvent entendu le mot « non » que le mot « oui ».

Tu as plus souvent entendu « Tu t'y prends mal » que « C'est bien, ce que tu fais ».

Tu as plus souvent entendu « Tu es bête » que « Tu es impressionnant », « Tu es génial », « **Tu es très précieux** ».

Tous, quand nous grandissons et forgeons notre structure émotionnelle, nous avons besoin de reconnaissance, de nous entendre dire combien nous sommes précieux pour les autres.

Si tu n'as jamais reçu cela, ne t'inquiète pas : dorénavant, tu sais quels mots tu dois t'adresser. Ton mental est extrêmement plastique, il est prêt à changer.

Tout ce que tu as appris ou enregistré dans ton mental, tu l'as appris à force de répétition et d'impact émotionnel. C'est exactement ce que tu dois faire pour changer l'image que tu as de toi. Répète-toi tous les jours combien tu es merveilleux et précieux, et peu à peu tu te forgeras cette idée-là de toi.

Il n'est jamais trop tard pour changer. Il n'est jamais trop tard pour s'aimer soi-même. Il n'est jamais trop tard pour **croire en toi**.

QUI DÉTERMINE CE QUE TU VAUX ?

J'aime beaucoup l'explication de T. Harv Eker : « Vous imaginez Dieu en train de coller un timbre sur le front de chaque être humain venant au monde ? Bon, pas bon, bon, pas bon. Oh là… décidément, pas bon. » Ça n'a aucun sens ! On nous a tous attribué exactement le même pouvoir, la capacité de devenir ceux que nous sommes amenés à être et à donner ce que nous sommes venus donner.

Personne ne peut déterminer la valeur de quiconque. Tu es le seul à pouvoir déterminer ta propre valeur. Et c'est en fonction de la valeur que tu te seras attribuée que tu adopteras tel ou tel comportement.

De la même manière que dans ton corps, aucun organe n'est superflu, dans la mosaïque de la création il n'y a pas de tesselle en trop. Chacun a quelque chose à apporter. Chacun a une fonction, des dons et une essence unique. Si tu ne crois pas en toi, si tu ne crois pas aux dons que tu as reçus pour remplir ta fonction, la part qui te revient ne sera pas réalisée. Sans compter que si tu négliges ta mission, tu compliques la tâche de ceux qui viennent après toi.

« Chaque être humain est comme une énorme cellule. »

Bruce H. Lipton

Le monde est comme un être humain gigantesque. Chacun a une fonction à remplir, tout comme dans l'être humain chaque cellule a un rôle à jouer.

Si les cellules du rein ou du poumon cessent de fonctionner parce qu'elles sous-estiment leur importance et leur valeur, et que cet effet se propage d'une cellule à l'autre, imagine un peu le résultat. Tu sais parfaitement ce qu'il se passe quand un rein ou un poumon arrête de fonctionner. Les conséquences peuvent être désastreuses.

C'est exactement ce qu'il se produit à l'échelle du monde. Ceux – et ils sont nombreux – qui ne croient pas en eux et sont paralysés par la peur ou le manque d'assurance transmettent ce sentiment à leur entourage et freinent l'évolution de la planète.

Eh oui ! D'où l'importance de commencer à croire en toi et de découvrir ton projet, de reconnaître tes dons et d'envisager de les mettre au service de l'humanité.

Voilà la vraie crise que nous devons surmonter. Alors arrête de te sentir coupable et prépare-toi à assumer tes responsabilités et le pouvoir qui t'a été attribué pour mener à bien ta mission.

CROIS EN TOI SI FORT QUE
LE MONDE NE POURRA
FAIRE AUTREMENT
QUE DE CROIRE EN TOI.

Une des erreurs les plus fréquentes, c'est justement de rechercher en permanence l'assentiment des autres, de douter de soi et de penser qu'on s'y prend mal.

ERREURS LES PLUS FRÉQUENTES

1. Douter de toi. Le manque d'assurance. Si tu doutes de toi, vas-tu confier ce pouvoir à quelqu'un d'autre ? **Tu as tout.** Si tu as besoin d'aide, fais appel à un professionnel qui t'apprendra à avoir confiance en toi. Et récupère ton pouvoir.

2. Penser que tu t'y prends mal. Que te dit ton dialogue intérieur ? Qu'est-ce que tu te dis quand tu fais quelque chose ? Même quand tu te lances dans une nouvelle activité, ne t'inquiète pas trop du fait que tu t'y prennes bien ou mal. Ce n'est pas grave de se tromper. Il n'y a rien de mal à cela. Au contraire, on ne se trompe jamais, on apprend toujours. Si tu accordes beaucoup d'importance aux erreurs que tu peux faire, cela aura des répercussions négatives sur ton état d'esprit et, plus largement, sur ton quotidien.

3. Exiger beaucoup de soi. C'est bien d'exiger beaucoup de soi et de se dépasser, mais attention, le niveau d'autosatisfaction doit être supérieur à celui de l'exigence. Observe tout simplement comment tu te sens. Si tu te sens bien, si tu es motivé, continue comme ça. Si tu as l'impression que tes propres attentes te submergent, lâche un peu du lest.

4. Ne pas se pardonner. Si tu ne te pardonnes pas à toi-même, tu pourras difficilement pardonner aux autres. Le sentiment de culpabilité compte parmi les plus grands blocages internes. Pardonne-toi, accepte-toi avec ta face A et ta face B. N'oublie pas que tout est double. L'un n'existerait pas sans l'autre. Admets que tu es génial, avec tout ce qu'il y a de bon en toi et ce qu'il y a d'un peu moins bon.

Résultats du test p. 161

1. a) 1; b) 0.
2. a) 0; b) 1.
3. a) 0; b) 1.
4. a) 0; b) 1.
5. a) 0; b) 1.
6. a) 1; b) 0.
7. a) 0; b) 1.
8. a) 0; b) 1.
9. a) 0; b) 1.
10. a) 1; b) 0.

Fais le total des points obtenus. Si la somme est inférieure à 7, répète-toi tous les jours combien tu es merveilleux et sois reconnaissant pour tous les dons que tu as reçus. Si la somme est supérieure à 7, répète-toi une fois par semaine combien tu es merveilleux et sois reconnaissant pour tous les dons que tu as reçus.

9

LE POUVOIR GUÉRISSEUR DU MENTAL

LE CORPS EST UN MESSAGER. MENTAL, ÉMOTIONS ET SANTÉ

« NOUS SOMMES LES SEULS ÊTRES QUI PEUVENT, AVEC LEURS PENSÉES, MODIFIER LEUR BIOLOGIE. »

Albert Einstein

Sept ans avant que j'écrive ce livre, un médecin m'a annoncé que je devais subir une intervention chirurgicale parce que je risquais de développer un cancer. J'ai pris la décision de me faire opérer et j'ai fait toutes les démarches médicales nécessaires. Quelques jours avant l'intervention, le médecin qui allait s'occuper de moi m'a reçue. Elle m'a expliqué que le bloc opératoire était équipé d'une nouvelle machine laser qu'elle ne maîtrisait pas encore. Elle confiait donc ses patients à un collègue qui travaillait dans le même hôpital. Elle lui a transmis mon dossier et quelques jours plus tard, ce médecin me recevait en consultation.

Alors que j'étais avec lui, il a regardé mon dossier et m'a demandé :

« Pourquoi voulez-vous vous faire opérer ? »

Vous imaginez ma tête, quand j'ai entendu ça…

« Quoi ? Excusez-moi, mais je ne comprends pas votre question. Je ne tiens pas spécialement à me faire opérer, mais on m'a dit que si je ne le faisais pas, il y avait un risque très élevé de cancer. »

Il m'a alors répondu :

« Comment ça ? Qui vous a dit ça ? »

Je lui ai raconté toute l'histoire et il a eu ces mots qui ont eu un impact sur ma santé :

« Rut, la nature est très sage. Faites confiance à votre corps, il fera toujours son possible pour résister à la moindre agression ou au moindre conflit. »

Quand j'ai quitté son bureau, j'étais une autre personne. Je me sentais immensément heureuse et libérée.

Je traversais alors une période difficile : je me faisais soigner pour dépression depuis quatre mois. À partir de ce jour-là, la dépression a disparu. La perspective de l'opération avait provoqué un choc qui m'a extirpée de cet état et ramenée à la vie.

Depuis lors, cette pensée s'est ancrée en moi. Mon corps est très intelligent, il est capable de contrecarrer, vaincre ou surmonter la moindre agression, le moindre conflit.

« Nous sommes faits à l'image de Dieu et nous devons ramener la spiritualité dans l'équation si nous voulons améliorer notre santé physique et mentale. »

Bruce H. Lipton

Et à mesure que cette pensée s'ancrait en moi, je prenais conscience que si mon corps était très intelligent, il fallait tout de même que je l'aide. Si tu veux que quelqu'un gagne, il faut le soutenir.

Progressivement, j'ai changé mes habitudes. En juin 2010 j'ai arrêté de fumer et je me suis mise à faire du sport trois à quatre fois par semaine. Petit à petit, j'ai modifié mon alimentation, privilégiant un régime végétarien, les aliments les plus naturels possible, et j'ai banni la malbouffe et les pâtisseries industrielles.

Vous voulez savoir ce que ça a donné ? Le résultat a été fantastique. Depuis, je jouis d'une excellente santé, ce dont je suis reconnaissante chaque jour. Je remercie la vie et je remercie mon corps qui fait tout pour que je sois en bonne santé et pleine de vitalité. Je continue à approfondir le sujet et à lire des livres afin d'aider mon corps.

Imagine-toi en directeur de grande entreprise, avec des millions de cellules qui travaillent chaque jour pour toi. Chacune de ces cellules écoute ce que tu dis, ce que tu penses. Voilà pourquoi il est très important que tu prêtes attention à ton dialogue intérieur.

Dis-toi que tu es l'entraîneur d'une équipe olympique et que la performance de chaque membre de cette équipe dépend en grande partie de ce que tu leur transmets. En fonction de ton humeur, des pensées qui animent ton mental et, surtout, de l'amour que tu te portes, ton corps va réagir de telle ou telle manière.

J'ai vu beaucoup de gens guérir; j'ai vu se promener des personnes à qui l'on avait dit qu'elles ne remarcheraient jamais; j'en ai vu, à qui l'on ne donnait que quelques mois à vivre, surmonter leur maladie. J'ai vu comment certains déjouent le pronostic des médecins.

Le père d'une amie à qui l'on ne donnait plus que trois mois a vécu dix ans de plus. Je connais plusieurs personnes qui ont été guéries dès lors qu'elles ont compris ce que leur corps essayait de leur apprendre et qu'elles ont modifié leur façon de penser, de s'alimenter, de vivre avec les autres et qu'elles se sont mises à pratiquer quotidiennement le yoga et la méditation. Il n'y a aucune magie là-dedans, il s'agit simplement du pouvoir guérisseur du mental, de l'amour, de la foi et de la motivation.

Vous savez pourquoi ces gens-là ont été guéris? Ils ne se sont pas contentés de croire ce que les médecins leur disaient. En revanche, ils ont cru en leur capacité de guérir et dans leur désir de vivre. Et ils ont fait ce qu'il fallait pour aimer, soutenir et aider leur corps.

Mais il ne faut pas généraliser, chaque cas est unique – puisque chacun a un projet unique dans la vie. Seulement, les miracles existent.

De plus en plus de médecins ont une approche holistique. Non seulement ils s'intéressent au corps physique, mais ils recherchent aussi les causes émotionnelles et mentales de la maladie. Ils savent que tel ou tel médicament peut aider à diminuer les symptômes, mais également que toi seul as la capacité de te soigner, à condition que tu modifies tes habitudes mentales, émotionnelles et physiques.

TU AS LA CAPACITÉ DE GUÉRIR TA VIE

L'amour, le pardon, la gratitude et la confiance sont des éléments clés de la guérison. Ce sont eux qui te guérissent.

Par conséquent, il convient de traiter ton corps avec amour et de le remercier pour tout ce qu'il fait pour toi. Remercie aussi Dieu, la vie ou qui tu voudras, et cette gratitude te reviendra au centuple.

Le problème, c'est que nous prenons conscience de tout ce que nous possédons seulement une fois que nous l'avons perdu. On s'inquiète sans cesse de ce que l'on n'a pas et l'on oublie d'être reconnaissant pour ce que l'on a.

Nous n'avons pas conscience des répercussions qu'ont certaines pensées ou habitudes sur notre corps, sans compter le fait de réprimer des émotions. Alimenter certaines croyances (croire à certaines pensées) a un impact direct sur notre santé.

Si tu es convaincu que quelqu'un va te transmettre sa grippe ou son rhume, tu peux être sûr que tu l'attraperas. J'en ai fait l'expérience.

Chaque fois que j'entends quelqu'un dire: « Mon fils a la grippe, et je sais qu'après ce sera mon tour, parce que c'est comme ça à chaque fois qu'il est malade », quelques jours plus tard, cette personne est au fond de son lit. Je sais aussi, par expérience, que lorsque tu es convaincu que ton corps est assez fort et assez sage pour te protéger de toute agression, il te protégera. Le pouvoir de tes pensées est beaucoup plus grand que tu ne l'imagines.

« Les organismes vivants doivent recevoir et interpréter des signaux de l'environnement pour survivre. (...) La vitesse de transmission des signaux électromagnétiques est de 300 000 kilomètres à la seconde, alors que la vitesse d'un élément chimique diffusible se situe bien en dessous d'un centimètre à la seconde (...). Devinez un peu quel type de signal préfèrent les milliards de cellules dont chacun de vous est constitué? »

Bruce H. Lipton
La Biologie des croyances

L'EFFET PLACEBO

En 2002, la revue *New England Journal of Medicine* a publié une étude réalisée par l'université de médecine de Baylor, qui rend compte de l'efficacité de l'effet placebo en chirurgie chez les patients souffrant d'arthrose du genou.

L'auteur principal de cette étude, le Dr Bruce Moseley, doutait de l'effet placebo dans le domaine de la chirurgie. Néanmoins, il voulait vérifier quelle partie de la chirurgie permettait d'améliorer l'état des patients.

Pour cette étude, les patients ont été répartis en trois groupes.

Moseley a effectué un curetage de cartilage sur les patients du premier groupe.

Quant à ceux du deuxième groupe, il a nettoyé l'articulation du genou pour la débarrasser de tout ce qui pouvait déclencher une réponse inflammatoire. Il s'agit là des deux traitements les plus courants d'arthrose du genou.

Le troisième groupe a subi une « fausse » intervention chirurgicale. Une fois le patient sous sédation, Moseley a pratiqué les trois incisions de rigueur puis s'est comporté comme il le faisait lors de n'importe quelle intervention réelle.

Quarante minutes plus tard, Moseley refermait les incisions comme s'il avait véritablement effectué l'opération. Les trois groupes ont suivi les mêmes soins postopératoires et la même rééducation.

Les résultats furent surprenants. Les trois groupes connurent exactement la même amélioration : aussi bien ceux qui avaient subi une « vraie » intervention chirurgicale que ceux à qui le médecin n'avait rien fait ! Incroyable !

Les patients du groupe placebo n'ont appris que deux ans plus tard qu'il s'agissait d'une fausse opération.

Un des patients de ce groupe, Tim Pérez, marchait avec l'aide d'une canne avant l'opération ; après cette expérience, il a pu jouer au basket avec ses petits-enfants. Voici ce qu'il a déclaré sur Discovery Health Channel :

« Tout est possible dans ce monde quand on en a l'intime conviction. Je sais que le mental peut faire des miracles. »

10

PROGRAMMER LA RÉUSSITE

TA VIE MÉRITE UN 20/20. RECONFIGURER LE GPS. GÉRER LE CHANGEMENT

« CE QUI NOUS FAIT TERRIBLEMENT PEUR, CE N'EST PAS DE NE PAS FAIRE L'AFFAIRE. CE QUI NOUS FAIT TERRIBLEMENT PEUR, C'EST QUE NOUS SOMMES PUISSANTS, PUISSANTS BIEN AU-DELÀ DE CE QUI EST IMAGINABLE. C'EST NOTRE LUMIÈRE QUI NOUS EFFRAIE, ET NON NOTRE PART SOMBRE. NOUS NOUS DEMANDONS : "QUI SUIS-JE POUR ÊTRE BRILLANT, FANTASTIQUE, INTELLIGENT, FABULEUX ?" À VRAI DIRE, QUI ES-TU POUR NE PAS L'ÊTRE ? TU ES UN FILS DE DIEU. LES RÔLES SANS ÉCLAT NE SERVENT AUCUNEMENT LE MONDE. SE FAIRE TOUT PETIT POUR QUE LES AUTRES NE SE SENTENT PAS MENACÉS N'EST PAS UNE PREUVE D'INTELLIGENCE. NOUS SOMMES NÉS POUR MANIFESTER LA GLOIRE DE DIEU, QUI EST EN NOUS. PAS JUSTE QUELQUES-UNS, MAIS TOUT LE MONDE. DÈS LORS QUE

NOUS BRILLONS DE NOTRE PROPRE LUMIÈRE, NOUS PERMETTONS AUX AUTRES DE FAIRE DE MÊME. DÈS LORS QUE NOUS NOUS LIBÉRONS DE NOTRE PEUR, NOTRE PRÉSENCE LIBÈRE AUTOMATIQUEMENT LES AUTRES. »

Marianne Williamson
Maître spirituel, écrivain et conférencier

J'ai longtemps cru que ce qui effrayait les gens, c'était la peur de l'échec. J'ai longtemps cru que c'était précisément ce qui me freinait.

Quand je me suis lancée dans l'écriture de ce livre, j'ai pu vérifier que ce n'était pas l'échec qui me faisait le plus peur, mais le succès.

Je connaissais déjà cette citation de Marianne Williamson, mais sans la comprendre totalement. Pourquoi aurait-on peur de briller ?

À mon sens, il y a deux facteurs, essentiellement, à prendre en compte.

Une fois de plus, le premier est la programmation. C'est-à-dire, l'éducation que tu as reçue tout au long de ta vie et surtout durant l'enfance.

Le second est : **que crains-tu de perdre si tu réussis dans ta vie ?**

PROGRAMMATION SUBCONSCIENTE

« Si notre subconscient était programmé avec des comportements sains, nous réussirions nos vies sans même avoir à nous le proposer pour but. »

Rob M. Williams
Entrepreneur, psychologue et créateur de PSYCH-K®

As-tu déjà entendu parler de Dong Nguyen, ce jeune Vietnamien de 29 ans qui, en deux heures, a créé un jeu devenu en l'espace de quelques semaines le jeu le plus téléchargé pour Apple et Android ?

Ce jeu, *Flappy Bird,* a généré plus de cinquante mille dollars américains par jour grâce à la publicité. Mais quelques semaines plus tard, son créateur a décidé de le retirer du marché, car il vivait très mal cette situation.

Pourquoi Dong Nguyen n'a-t-il pas supporté cette situation ? Ni les bénéfices qu'il pouvait en tirer ? Étonnant, n'est-ce pas ?

Il s'agit d'un bon exemple qui montre que si tu n'es pas programmé pour être millionnaire ou réussir en affaires, le jour où la chance te sourit, tu vas te saborder.

Selon T. Harv Eker et les théories de Bruce H. Lipton et de Rob Williams, **si tu veux être millionnaire et que tu ne l'es pas encore devenu, c'est parce que ton mental est toujours habité de croyances négatives sur l'argent**.

Qu'est-ce que cela signifie ? C'est très simple.

Si, enfant, on t'a inculqué certains principes tels que « Les riches sont avares », « L'argent corrompt », « Les riches exploitent les pauvres » ou « Il est très difficile de gagner de l'argent », tu auras beau multiplier les efforts pour gagner de l'argent et devenir riche, tu auras beaucoup de mal à y parvenir.

Comme nous l'avons vu au chapitre 4, la mission de notre subconscient est de nous protéger. Il est un milliard de fois plus puissant que l'esprit conscient.

Ainsi, même si consciemment tu comptes réussir dans ce que tu entreprends, s'il y a un contrordre dans ton subconscient, souviens-toi : qui va gagner ?

Par exemple, si tu veux devenir riche sans perdre tes amis, mais que dans ton subconscient il y a un fichier qui dit « réussir = devenir riche » et un autre qui dit « devenir riche = changer de cercle d'amis, s'éloigner de ceux que tu aimes, attirer des gens intéressés, etc. », je peux te garantir que ton mental va faire en sorte que tu ne perdes pas tes amis ou que tu ne t'éloignes pas d'eux.

De toute évidence, le jeune créateur de *Flappy Bird* a été victime d'un autosabotage de son mental. Si dans son mental le gain de grosses sommes d'argent et la célébrité étaient associés à des croyances négatives, il ne pouvait faire autrement que de renoncer à la réussite.

Dans un même ordre d'idées, il est prouvé que 90 % des gagnants au loto se retrouvent au bout d'un certain temps dans la même situation économique, voire pire, qu'avant de tirer le gros lot.

Les millionnaires qui font faillite, eux, parviennent à se refaire en un claquement de doigts, comme par magie, et certains multiplieront même leurs revenus au regard de leur situation antérieure.

Nous avons tous un logiciel en lien avec l'argent et un thermostat économique.

Si ton thermostat économique est réglé sur la somme de deux mille euros, ton esprit subconscient dirigera toujours tes actes pour que le thermostat se maintienne à ce niveau ou le retrouve, que tu gagnes ou que tu perdes de l'argent. Que ton thermostat soit réglé sur deux cents euros ou vingt millions d'euros, pour ton mental, c'est le montant qui compte. Le reste lui est égal.

Nous honorons la grandeur en toi.

« Nous honorons la grandeur qui est en toi », dit un panneau dans le hall de l'école A. B. Combs, à Raleigh, en Caroline du Nord, aux États-Unis.

Stephen Covey, dans son livre *L'Étoffe des leaders*, évoque la méthode de leadership que Muriel Summers a introduite dans cette école.

Depuis des décennies, on y apprend aux enfants à réussir dans la vie – et ce dès le plus jeune âge. Ils sont éduqués au leadership, à la reconnaissance des qualités, au respect et à la responsabilité.

Les murs de l'école sont couverts d'affiches encourageantes qui louent les qualités et les réussites des enfants.

Le langage est très important. Voici ce que dit Muriel Summers, la directrice de l'établissement :

« Tous les jours, nous leur disons que nous les aimons. Nous nous concentrons sur ce qu'ils peuvent faire, pas sur ce qu'ils ne peuvent pas faire. Tous les enfants sont importants. Tu es quelqu'un d'important, tu as beaucoup de dons et d'aptitudes. »

Chaque jour, un enfant endosse le rôle de responsable de classe et se voit confier certaines responsabilités, telles que recevoir ses camarades et accueillir les visiteurs.

Dans ce lieu, on travaille les rêves et les aspirations, l'espoir et le développement de l'intuition.

Stephen Covey raconte dans son livre que lorsque deux de ses conseillers se sont rendus dans cet établissement, ils ont entendu Muriel, la directrice, dire au micro : « Les enfants, vous êtes merveilleux, hier vous avez fait un travail fantastique ! »

Vous imaginez un peu dans quel état d'esprit ces enfants quitteront l'école, après avoir entendu ce discours et travaillé constamment la motivation ? C'est beau, n'est-ce pas ?

Voilà un autre thème qui gagnerait à être développé, mais poursuivons. Je voulais juste te parler d'autres méthodes d'enseignement.

Pourquoi, à ton avis, il y a des gens à qui, visiblement, il n'arrive que de bonnes choses et d'autres, tout le contraire ?

« Le succès, c'est ce que vous attirez en fonction du type de personne que vous devenez. »

Jim Rohn
Entrepreneur, auteur et conférencier motivationnel

Les revenus que tu touches chaque mois sont directement liés à ta philosophie, et non à l'économie, contrairement à ce que pensent une majorité de gens.

Donc, si tu veux voir s'élever ton niveau de vie, ce n'est pas l'aspect économique que tu dois revoir, mais ta philosophie.

Si les racines de ta plante bénéficient toujours du même apport, ses fruits ne changeront jamais. C'est le fondement pour tout ce que tu veux produire dans ta vie.

Nos sens sont dirigés vers l'extérieur, ce qui nous induit en erreur. Nous nous laissons constamment influencer par ce que nous voyons, entendons et ressentons. Alors qu'en réalité, ce que nous voyons, entendons et ressentons n'est que le fruit de nos pensées.

Regarde la nature. Regarde les arbres, les plantes. Ce que tu vois à l'extérieur est tout simplement le résultat de ce qui est en gestation sous terre, à l'intérieur, dans les racines.

Notre erreur est de croire que tout ce que nous voyons dans la vie, à l'extérieur, nous conditionne, alors qu'en réalité, ce que nous voyons est le fruit de ce que nous avons pensé et semé.

Chacun reçoit en fonction de ses aspirations, de ce dont il se croit capable et digne de recevoir et, bien sûr, de son engagement. Il ne suffit pas de rêver, il faut s'estimer capable et digne de ce que l'on veut recevoir, s'engager à 100 % et entreprendre toutes les actions nécessaires pour y parvenir.

La vie nous offre en permanence amour et abondance, cadeaux et leçons. Mais si tu fermes la porte, tout cela sera offert à la prochaine personne disposée à le recevoir.

Les opportunités sont comme les levers de soleil : si on ne se dépêche pas, on les rate.

Si tu as une idée, un rêve, mets-toi tout de suite en action. **Tu n'as pas besoin de tout savoir pour commencer.** La seule chose dont tu as besoin, c'est d'y croire et de te lancer sur le chemin sans plus attendre. Le **moment**, c'est **maintenant**.

Se former est très important, mais si tu ne mets pas en pratique ce que tu as lu, cela ne te servira à rien. Voilà pourquoi on dit que c'est en forgeant qu'on devient forgeron. La théorie, prise pour elle seule, ne mène nulle part.

Chaque jour apporte son lot d'opportunités, mais il n'y en a pas deux pareilles. Et si tu ne te lances pas dans ton rêve, tu peux être sûr que quelqu'un le fera à ta place.

1. Tu dois y croire.
2. Informe-toi (fais-toi aider).

3. Mets-toi immédiatement en action.
4. Avance tout en continuant de te former.

Ainsi, tu pourras immédiatement appliquer ce que tu apprends. Car, en définitive, la seule façon d'apprendre réellement est de faire les choses, de mettre en pratique ce que nous avons lu.

« En vérité, la plupart des gens n'atteignent pas leur potentiel maximum. Un grand nombre ne connaît pas la réussite. Environ 80 % ne parviendront jamais à être économiquement libres comme ils aimeraient l'être. Et environ 80 % vous diront qu'ils ne sont pas vraiment heureux. Il y a une explication à cela. Vous la connaissez ? C'est très simple. Une majorité de personnes, de manière inconsciente, ne vivent qu'à un niveau superficiel de la vie. Ils ne se fondent que sur ce qui est visible. Sur ce qu'ils voient. »

T. Harv Eker

CROIS EN TES IDÉES. DU POINT ZÉRO À LA RÉUSSITE : RÉCITS

La seule chose qui distingue ceux qui ont réussi et sont entrés dans l'histoire, c'est que ces personnes croyaient en leurs idées, en leurs dons et en leurs rêves.

Ceux que je cite en exemple dans ces pages ont tous ce point commun. Chacun s'est connecté avec son essence, avec ce qu'il aimait, **chacun a cru en ses rêves et ne s'est pas accordé de répit avant de les voir se réaliser**.

Il n'y a pas besoin d'aller bien loin pour trouver des exemples de personnes qui ont commencé de zéro et ont fait de leurs rêves une réalité.

Si eux ont pu le faire, alors toi aussi ! Désormais, tu sais que nous avons tous reçu le même pouvoir. Il s'agit simplement de te connecter à ton essence, de reconnaître tes dons, de te connecter à tes rêves, de faire ce que tu aimes, de tirer des enseignements de ceux qui ont déjà réussi et de ne pas t'arrêter avant de les voir se réaliser.

AMANCIO ORTEGA

Entrepreneur, fondateur du groupe Inditex

En mars 2014, Amancio Ortega est au troisième rang des plus grosses fortunes mondiales.

Connais-tu son histoire ? Amancio, originaire de León, a suivi sa famille en Galice après que son père, cheminot, fut envoyé dans le nord du pays.

À 12 ans, il quitte l'école pour aider ses parents et trouve du travail dans une boutique de chemises du nom de Gala. Là, il fait un peu de tout : le ménage, les livraisons, la vente. Il aime son travail et il a soif d'apprendre.

À 17 ans, il est embauché comme vendeur à la mercerie La Maja, une entreprise familiale florissante de La Corogne, où travaillent également son frère et sa sœur aînés, Antonio et Pepita.

C'est là qu'il rencontre Rosalía, sa future épouse, et des personnes avec qui, plus tard, il va créer son empire.

Motivé par la bonne ambiance qui règne à La Maja, Amancio propose aux Castro, les patrons de l'affaire, de confectionner lui-même des vêtements avec des tissus de la boutique, et de se faire aider par Primitiva, la femme de son frère Antonio, qui est couturière.

Les résultats sont très encourageants, mais Amancio constate que la valeur ajoutée de ses initiatives se perd en cours de route. Il décide alors de quitter son emploi de vendeur pour se consacrer à la confection.

Au cours des dix années passées à La Maja, il a noué des contacts avec des fabricants de tissus catalans qui lui font bénéficier de prix de gros, et il se constitue un joli portefeuille de clients.

En 1963, Amancio amorce un tournant dans sa vie et décide de travailler à son compte.

« Depuis que j'ai commencé à travailler, une idée m'obsédait : pourquoi est-ce que je ne peux pas inventer quelque chose qui n'existe pas encore sur le marché ? Je ne saurais pas définir clairement ce qui me trottait dans la tête ces années-là, mais j'ai décidé de suivre mon élan et j'ai lancé Goa avec mon frère Antonio. Nous avons ouvert un compte

courant avec deux mille cinq cents pesetas ; ma belle-sœur, qui savait coudre, et ma première femme, Rosalía, réalisaient les célèbres robes de chambre matelassées qui étaient si à la mode à l'époque. »

Amancio Ortega
Extrait du livre de Covadonga O'Shea,
Así es Amancio Ortega, el hombre que creó Zara
(Tel est Amancio Ortega, l'homme qui créa Zara)

Dix ans plus tard, la société compte cinq cents employés. En 1975, le premier magasin Zara ouvre ses portes à La Corogne. Les débuts sont difficiles et il faut travailler d'arrache-pied.

En 1979, Amancio Ortega regroupe ses différentes entreprises sous le nom d'Inditex (Industries du design textile). Depuis, le groupe n'a cessé de croître, jusqu'à devenir le premier du secteur sur le plan international.

PABLO ALBORÁN

Chanteur et compositeur

« Tout ce qui se passe ce soir est la preuve que cette vie peut être un rêve. »

Pablo Alborán
Concert au Palais des sports de Madrid, septembre 2013

Pablo, originaire de Málaga, s'intéresse à la musique dès son plus jeune âge. Il prend des cours de piano, de guitare classique et flamenco, et apprend à chanter avec des musiciens professionnels de sa ville natale.

À 12 ans, il compose ses premières chansons. À 14 ans, il met sur Myspace des vidéos de lui en train de chanter.

Il les partage ensuite sur YouTube. Voilà comment il s'est fait connaître en Espagne. Plus tard, il écrit « Solamente tú », chante la chanson assis dans son canapé et met la vidéo sur YouTube. C'est cette vidéo qui le conduira à la gloire. Avec plus de sept millions de vues en trois ans.

Peu de temps après, guitare en main, il fait le tour des petites salles de concert espagnoles. Grâce au bouche à oreille et aux réseaux sociaux, et avant même qu'il sorte son premier album, les fans sont déjà au rendez-vous.

En 2011, il donne plus de soixante concerts ; il commence par de petites scènes et achève l'année en jouant à guichets fermés au Palais des sports de Madrid devant quinze mille spectateurs.

« Avec plus d'un million d'albums écoulés, Pablo Alborán a été l'artiste le plus vendu en Espagne en 2011 et 2012, un événement sans précédent dans l'histoire de la musique espagnole pour un jeune artiste. »

IKER CASILLAS

Gardien de but du Real Madrid (1998-2015)
et du FC Porto (depuis 2015)

Iker commence à jouer au football dès l'âge de 4 ans. Tout petit déjà, il s'imagine faire ses débuts avec le Real Madrid. C'est le rêve de sa vie.

Lorsque Iker a 9 ans, son père, qui est professeur, l'emmène au stade Santiago-Bernabéu lui faire passer une série de tests. Chaque année, le club organise un tournoi social afin de repérer les jeunes les plus prometteurs de la région. Et Antonio Mezquita, chasseur de talents du Real Madrid, semble remarquer Iker.

Iker joue dans toutes les catégories junior, et un beau jour, on vient le chercher au lycée. Il a alors 16 ans.

Le Real Madrid souhaite qu'Iker intègre immédiatement l'équipe qui doit disputer un match de la Ligue des champions à Trondheim en Norvège. Le gardien de but, Bodo Illgner, étant blessé et son remplaçant habituel, Santiago Cañizares, ayant reçu un coup à la poitrine, ils ont contacté le lycée.

Iker fait ses débuts au stade de San Mamés le 12 septembre 1999. Et ses débuts internationaux le 3 juin 2000, alors qu'il vient de fêter ses 19 ans. J'imagine que tu connais la suite de l'histoire...

NE TE LAISSE PAS IMPRESSIONNER

La plupart des gens pensent que la réussite et la richesse sont le privilège de quelques-uns. Que ceux qui parviennent à aller loin sont des êtres exceptionnels. Beaucoup, peut-être, pensent aussi qu'ils ont eu de la chance.

Détrompe-toi, la chance n'existe pas. La chance, c'est toi qui la crées, c'est le résultat de ce que tu attires dans ta vie, de ce que tu es, de ce que tu penses et de ce que tu fais.

Oui, c'est vrai, Amancio, Pablo et Iker sont exceptionnels. Ce sont des êtres uniques, comme toi et moi. Nous sommes tous nés pour être exceptionnels.

Et je le répète, la seule chose qui distingue ces personnes, c'est qu'elles ont cru en elles-mêmes et en leurs rêves.

Tu crois vraiment que Dieu a créé des gagnants et des perdants ? Tu crois qu'il a créé des êtres formidables et des gens médiocres ? Certains dignes du succès et d'autres non ?

Réfléchis cinq minutes : cela n'a aucun sens. Dieu nous a faits égaux. À son image. Nous sommes tous appelés à être formidables et à connaître le bonheur en faisant ce que l'on aime, en réalisant notre projet de vie, nos rêves.

Peu importe ton âge : si tu as un rêve, crois en toi ! Crois en lui ! Donne-lui vie !

Tu auras toujours toute la vie devant toi. Parce qu'en réalité la seule chose que nous avons tous, c'est le **« maintenant »**. Et ce « maintenant » t'appartient !

IL N'Y A PAS D'ÉCHEC, TOUT EST APPRENTISSAGE

« L'échec fait partie du processus de réussite. Ceux qui évitent l'échec évitent aussi la réussite. »

Robert Kiyosaki
Homme d'affaires, investisseur, écrivain et conférencier

Tout le monde a la capacité et le pouvoir de transformer sa vie quand il le désire.

J'aimerais aussi te raconter l'histoire d'un ami et ancien collègue. Il y a trois ans, cet ami a traversé une mauvaise passe. Dans notre cabinet d'architectes, il n'y avait pas assez de travail pour tout le monde et il a fallu resserrer les budgets. Cet ami, comme d'autres personnes, a dû être licencié. Selon moi, certains de ceux qui nous dirigeaient n'ont pas su l'apprécier à sa juste valeur.

Je me souviens parfaitement du jour où il a quitté le bureau. Je lui ai lancé : « Carlos, je suis sûre que tout va bien se passer. »

Quelque chose me disait qu'il irait très loin. Carlos a toujours été doué pour la cuisine. Il cuisinait divinement, il avait le sens du contact et savait convaincre.

Il a commencé par organiser des ateliers sushis chez lui pour gagner un peu d'argent tout en continuant de chercher du travail et de réfléchir à son avenir.

Un an plus tard, il ouvrait une école de cuisine en plein cœur de Madrid, le Kitchen Club. Il a énormément travaillé pour le faire tourner et, deux ans plus tard, il inaugurait un deuxième établissement, encore plus grand.

Les plus grands chefs espagnols sont passés par son école. On l'a vu dans les magazines et dans des émissions de télévision. Depuis ses débuts, il n'a cessé de s'épanouir professionnellement.

Et il est parti de rien. Il a simplement cru en lui et en ses idées, et il y est allé à fond.

Je connais des gens qui dépriment lorsqu'ils sont au chômage et qui ressassent des phrases comme « Ce n'est pas juste », « Ça tombe toujours sur moi ».

Tant que ces personnes continueront de se positionner en victimes et de rejeter la faute sur les autres et le système, elles ne feront que s'enfoncer davantage dans la souffrance.

Toi seul peux décider de changer d'attitude et de vie quand tu le désires. C'est le plus grand don que tu aies reçu. Récupère ton pouvoir.

Si eux ont pu le faire, toi aussi tu le peux.

11

LES CONTRE-INTENTIONS

BLOCAGES

« LE PLUS GRAND OBSTACLE POUR PARVENIR À LA RÉUSSITE DONT NOUS RÊVONS, CE SONT LES LIMITES PROGRAMMÉES DANS LE SUBCONSCIENT. SI NOTRE SUBCONSCIENT ÉTAIT PROGRAMMÉ AVEC DES COMPORTEMENTS SAINS, NOUS RÉUSSIRIONS NOS VIES SANS MÊME À NOUS LE PROPOSER POUR BUT. »

Rob M. Williams

« Si tu veux réussir et que tu te libères de tes blocages internes, tu peux être, faire et avoir ce que tu veux. »

Joe Vitale
Auteur et conférencier

QUELS SONT CES BLOCAGES ?

1. **Trop exiger.** Es-tu trop exigeant avec toi ?
2. **Ne pas mériter.** Tu as l'impression de ne pas être à la hauteur.
3. **Ne pas s'accepter.** Il y a en toi des choses dont tu n'es pas fier.
4. **Sentiment de culpabilité et incapacité à pardonner.** Ce que tu ne te pardonnes pas et ce que tu ne pardonnes pas.

Et, en général, la faible estime de soi constitue l'un des blocages internes les plus importants qui nous empêchent d'obtenir ce que nous voulons.

Le meilleur moyen de détecter ces blocages est d'observer tes émotions et ton dialogue intérieur.

Si quelque chose te fait mal, c'est qu'il y a une pensée et/ou une croyance qui te bloque et provoque cette douleur.

Nous sommes des êtres vivants, créatifs. Nous sommes de l'énergie. Nous sommes **la vie**.

Que se passe-t-il lorsqu'on construit un barrage dans un cours d'eau ?

L'eau s'accumule et cesse de s'écouler naturellement vers la mer. C'est le résultat, ce que nous voyons.

Ce que nous ne voyons pas, c'est qu'à l'intérieur de ce barrage l'eau qui veut s'écouler exerce une certaine pression sur le mur qui la retient. Parce qu'elle veut s'écouler et ne le peut pas.

Ce qui se passe dans notre vie est similaire. Ton corps est un messager de ce qui se produit en toi.

Plus nous avançons dans la vie, plus nous apprenons à nous connaître. La vie est un chemin de découverte et tout commence avec la connaissance de soi. Mais nous aurons beau nous connaître, il y aura toujours des raisons et des sentiments obscurs pour nous-mêmes auxquels nous n'avons pas accès, en raison du poids considérable de notre personnalité et de tout le bruit que fait notre esprit conscient.

NOS RAISONS NE SONT PAS TOUJOURS LES VÉRITABLES RAISONS

Les raisons que nous invoquons en notre faveur ne sont pas toujours les véritables raisons. Notre raison est toujours conditionnée par notre façon de penser. Et c'est dans les véritables raisons que se cache la réponse à l'énigme suivante : que voulons-nous réussir ?

Tout au long de notre vie, il nous faut trouver ces raisons cachées. Il s'agit de cela : résoudre les énigmes de ton mental pour parvenir à débloquer ce qui t'empêche de parvenir à tes fins. C'est l'objet des séances, des cours et des séminaires que j'organise.

Guider les gens dans la connaissance de soi afin qu'ils découvrent le pouvoir de leur mental et le potentiel inimaginable qui sommeille en eux. J'aide les gens à se connecter à leur essence et leur projet de vie. Car dès lors que tu es connecté à ton essence, ton pouvoir se libère.

Avant toute chose, il faut identifier ce qui te conditionne et quels sont tes blocages internes pour pouvoir t'en libérer. Une fois que tu sais qui tu es et ce que tu veux, tu peux te lancer sur le chemin vers la reprogrammation mentale. À partir de là, c'est une nouvelle vie qui commence, et c'est toi qui la gouvernes. Si tu sais ce que tu veux et comment fonctionne ton mental, tu peux reprogrammer ton subconscient pour qu'il te mène jusqu'à tes rêves. Voilà ce que je travaille dans le cours **« Crois en toi »**.

Te connaître toi-même, te connecter à ton essence et à ton projet de vie, découvrir ton pouvoir et ta capacité à reprogrammer tes croyances.

LA CLÉ DU CHANGEMENT

« La folie, c'est de faire toujours la même chose et de s'attendre à un résultat différent. »

Albert Einstein

C'est toujours la même histoire qui se répète sans que l'on comprenne bien pourquoi. Parfois avec la même personne, parfois avec quelqu'un d'autre. Pendant des années, nous pouvons revivre la même chose, désespéré, et nous demander : « Qu'est-ce que cela signifie ? »

Tu peux entendre maintes fois la même histoire et ne pas y prêter attention, jusqu'au jour où, parce que tu te montres plus réceptif, ou parce qu'il se produit un changement dans ta vie, l'histoire te semble différente.

Il y a peu, j'ai entendu mon mentor raconter une nouvelle fois l'histoire de sa vie. J'étais en train de l'interviewer. Cette histoire, je la connaissais par cœur pour l'avoir entendue dans d'autres interviews et lue dans ses livres. Et pourtant, à l'occasion de cet entretien, une phrase a provoqué un déclic en moi : « Ce jour-là, j'ai pris une décision différente. »

C'est ça, la clé du changement. **Prendre une décision différente.**

Nous voulons un changement, nous voulons changer, que les circonstances changent, et malgré tout, nous continuons de prendre les mêmes décisions et agissons de la même façon. Nul besoin d'être très intelligent pour réaliser combien il est absurde de prétendre au changement sans rien faire de différent.

Une des décisions qui a marqué un avant et un après dans ma vie a été celle-ci.

Avant, j'attendais que les gens prennent conscience de leurs erreurs. Avant, je rejetais la faute sur les autres et j'attendais qu'ils changent.

Bien sûr que les gens peuvent changer, et c'est d'ailleurs le cas, mais ton bonheur ne peut pas dépendre des autres. Ce serait déléguer ta capacité et ton pouvoir d'être heureux.

Désormais, j'assume l'entière responsabilité de ce qu'il se passe dans ma vie. Je prends des décisions et je suis consciente que c'est moi qui dois changer.

Nous passons notre vie à nous défausser, à nous exempter de la responsabilité qui est la nôtre. Et, ce faisant, nous cédons notre pouvoir aux autres.

En revanche, **lorsque tu assumes ta responsabilité à 100 %, tu récupères ton pouvoir**.

Les deux histoires que je m'apprête à te raconter parlent justement de cela.

12

DE LA PUISSANCE DES MOTS

GRATITUDE ET HO'OPONOPONO

« À CELUI QUI A,
ON DONNERA, ET IL SERA
DANS L'ABONDANCE ;
À CELUI QUI N'A PAS, ON
ENLÈVERA MÊME CE QU'IL A. »

Matthieu, 13,12

LA GRATITUDE

La gratitude est l'un des outils les plus puissants que je connaisse.

Et à partir du moment où je m'en suis servie quotidiennement, cela a changé ma vie.

Depuis toute petite, on m'a appris à être une personne reconnaissante. Mais j'ai mis beaucoup de temps avant de prendre conscience de l'importance de la gratitude.

Pendant des années, j'éprouvais de la gratitude quand on me donnait ou quand je recevais quelque chose. Seulement, je ne la pratiquais pas chaque jour ;

uniquement quand un événement particulièrement positif se produisait.

Jusqu'à ce que je comprenne que si je n'étais pas pleinement heureuse, c'était justement parce que je ne savais pas apprécier tout ce que j'avais reçu.

Il ne m'était jamais passé par l'esprit que la plainte provient de l'absence de gratitude.

Et donc, puisque nous vivons dans un monde fait d'opposés, quand tu te plains, c'est parce que tu t'es focalisé sur ce que tu n'as pas au lieu de te concentrer sur ce que tu as.

Si tu changes le focus, l'émotion ressentie changera.

Essaie pour voir.

Quand tu es contrarié par un ami ou la personne avec qui tu vis, c'est parce que tu te focalises sur ce qui te déplaît chez lui. Concentre-toi plutôt sur ce que tu apprécies chez lui, et tu te plaindras moins, ta colère s'apaisera.

**La gratitude génère de la richesse,
la plainte génère de la pauvreté.
Mais il ne s'agit pas seulement de cela.**

Le texte de l'Évangile selon Matthieu que j'ai cité en début de chapitre est en réalité une énigme : « À celui qui a [de la gratitude], on donnera, et il sera dans l'abondance ; à celui qui n'a pas [de gratitude], on enlèvera même ce qu'il a. »

Lorsque tu ajoutes le mot « gratitude », tu découvres l'une des clés de la vie. Plus tu es reconnaissant pour ce que tu as reçu, plus tu auras des motifs d'être reconnaissant.

Plus tu te plains de ce que tu as reçu, plus tu auras des motifs de te plaindre. La règle est très simple, mais d'une puissance inouïe.

Je me suis beaucoup exercée à la gratitude et j'ai chaque fois obtenu des résultats incroyables. Il y aurait de quoi écrire un livre entier à ce sujet. C'est pour cette raison que je t'encourage tout simplement à intégrer cette habitude dans ta vie et à le vérifier par toi-même.

Mais je te préviens : inutile de distribuer des mercis en quatrième vitesse comme si tu lisais la liste des courses. Il convient de pratiquer cet exercice en ressentant la gratitude dans son cœur. Car c'est ce sentiment d'amour et de gratitude qui t'apportera davantage de motifs d'être reconnaissant.

LE POUVOIR INFINI DU HO'OPONOPONO

Tu imagines ? Être capable de résoudre un conflit sans avoir besoin de la présence de l'autre personne ?

Désolé. Pardon. Merci. Je t'aime.

Ce sont les quatre mots les plus puissants qui existent et qui guérissent tout.

Jusqu'à quel point ces mots sont-ils puissants ?

Le Ho'oponopono est un art hawaïen très ancien qui permet de résoudre les conflits en s'appuyant sur la responsabilité, l'amour, la gratitude et le pardon.

En d'autres termes, le Ho'oponopono est une technique employée pour nettoyer la colère, le ressentiment, le sentiment de culpabilité ou tout autre sentiment qui entrave ton bonheur.

Cette technique est idéale pour résoudre les conflits relationnels sans qu'il y ait besoin d'échanger la moindre parole avec cette personne.

Je n'en parlerais pas si je n'avais pas vérifié cela par moi-même. J'ai donc découvert le pouvoir des blocages internes de mon mental et le pouvoir libérateur du Ho'oponopono.

J'explique également cette technique au cours des séances et des séminaires que j'organise, qui vise à nettoyer tous les blocages dont j'ai parlé dans le chapitre précédent.

Dans mon cas, cela m'a aidée à me réconcilier avec certaines personnes sans avoir besoin d'échanger le moindre mot avec elles. Je l'ai aussi utilisée avec succès avec un client qui me devait de l'argent. Cet argent, je le lui avais d'abord réclamé par e-mail. Mais comme il ne répondait ni à mes appels téléphoniques ni à mes courriers, on m'a recommandé d'employer cette technique.

Trois semaines plus tard, je recevais un virement de la somme que ce client me devait.

Mais je vais te raconter deux histoires encore plus impressionnantes.

La première, Joe Vitale la raconte dans son livre *Attendez-vous à un miracle. Le secret manquant pour un succès éclatant*. Il s'agit de l'histoire du Dr Ihaleakalá Hew Len.

C'est probablement l'une des histoires les plus étonnantes que tu entendras.

Le Dr Hew Len a guéri tout un pavillon hébergeant plusieurs criminels souffrant de troubles psychiatriques sans avoir eu aucun contact avec eux.

Le psychologue parcourait les couloirs du service et croisait les patients, mais il ne s'entretenait pas avec eux en privé. Ensuite, il entrait dans son bureau et étudiait le dossier de chaque interné. Tandis qu'il découvrait leur parcours, une image de cette personne se formait dans son esprit. Une fois que cette image était dessinée, il employait sa technique pour nettoyer la maladie de l'image de cette personne.

Et au fur et à mesure, l'état des patients s'améliorait.

Joe Vitale a demandé au Dr Hew Len des explications. Que signifiait exactement pour lui « nettoyer » ?

Le Dr Hew Len lui a répondu qu'il avait simplement répété ces mots : « Désolé. Pardon. Merci. Je t'aime. »

*« L'idée d'une personne se forme en moi,
et en effet, elle est en moi. Ce que je fais,
c'est que je demande à la divinité d'effacer
cette image en moi. Et à mesure qu'elle s'efface en moi,
elle s'efface également chez l'autre. »*

Avec cette méthode, il s'agit d'assumer une responsabilité pleine et entière. D'endosser la responsabilité de tout ce qui apparaît dans ta vie.

Le Dr Hew Len affirme que le monde extérieur est une projection de notre conscience, il est composé de tes croyances, de tes pensées, de tes souvenirs. Tout cela est projeté et crée ta réalité.

C'est quelque chose que j'ai encore du mal à comprendre. Mais le fait est que le Dr Hew Len a travaillé quatre ans dans cet hôpital et a guéri un service entier de criminels souffrant de troubles psychiatriques et qui avaient commis des meurtres, des viols, et toutes sortes d'agressions.

Il raconte que lorsqu'il a commencé à pratiquer le Ho'oponopono, les patients qui avaient besoin jusque-là de sédatifs ont pu s'en passer. Ceux qui devaient être attachés ont pu être libérés. Le personnel de l'hôpital, confronté à ces changements, n'en revenait pas.

La seconde histoire, c'est un de mes amis qui l'a vécue. Ángel López est coach et professeur de *firewalking* depuis des années. Auparavant, il était infirmier.

Durant un temps, il a travaillé dans un hôpital psychiatrique. Il accueillait les patients qui se présentaient aux urgences avec les premiers signes de crise. Certains avaient commis une agression, un meurtre, etc. Du fait de leur dangerosité, ceux-là étaient menottés et encadrés par des agents de sécurité.

Lorsque les patients arrivaient aux urgences, mon ami demandait aux agents de rester à l'extérieur de la pièce afin que les malades ne s'énervent pas davantage. Parfois, il leur demandait également de leur ôter les menottes.

En revanche, il ne se renseignait jamais sur leurs antécédents afin de ne pas conditionner son mental et de ne pas avoir peur au moment de les prendre en charge. Ce n'est que plus tard qu'il lisait leur dossier.

Ses collègues lui disaient qu'il était fou de s'exposer autant.

Quand tout le monde avait quitté la pièce, il s'asseyait au pied du lit du patient, un peu de biais, et évitait de le regarder dans les yeux. Ainsi, le patient ne se sentait pas menacé.

Dès que le patient pénétrait dans la pièce, Ángel répétait mentalement des mots de paix, d'amour et de gratitude. Il (ou elle) est amour, gratitude, c'est un être aimant, plein de paix, qui mérite d'être aimé. Il se répétait ces mots sans le regarder dans les yeux.

Il calait sa respiration sur celle du patient jusqu'à ce que celle-ci s'apaise. Ensuite, il parlait avec lui.

En procédant ainsi, il parvenait à les calmer. Il leur transmettait sa paix intérieure. Il ne les jugeait pas, il se contentait de leur transmettre de l'amour. Voilà pourquoi il ne lisait pas leur dossier avant de les rencontrer.

Ángel me disait que c'était impressionnant de les voir retrouver leur calme et s'exprimer.

C'est impressionnant, ce que nous sommes capables de transmettre et de structurer quand nous ressentons de l'amour, de la paix et de la gratitude.

Cette histoire m'a rappelé celle du Dr Hew Len. Dans les deux cas, on constate à quel point l'image que nous nous formons mentalement d'une personne est importante.

Parce que selon cette image, c'est-à-dire, selon notre jugement, nous émettrons une émotion qui renforcera la réalité de la personne que nous sommes en train de juger. Incroyable, non ?

Désolé. Pardon. Merci. Je t'aime.

Quel est le sens exact de ces mots ?

En disant **« désolé »**, tu demandes à la divinité de t'aider à te pardonner. La divinité ne te reproche rien, c'est toi qui te sens coupable chaque fois que tu crois avoir commis une erreur.

Que nous ne connaissions pas notre pouvoir ne signifie pas que nous ne le possédons pas. Simplement, nous ignorons à quel point nous sommes puissants. C'est pour cela que nous disons « désolé », parce que nous ne sommes pas conscients de tout ce que, involontairement, nous avons généré dans notre vie.

Dire **« pardon »** ne signifie pas s'encombrer d'un sentiment de culpabilité, bien au contraire : c'est reconnaître notre responsabilité sans nous sentir coupables. Cela équivaut à dire : « Pardonne-moi, parce que je ne suis pas conscient de ce que mon subconscient et les émotions qui déclenchent mes croyances subconscientes sont en train de créer dans ma vie et dans la vie des autres. »

En disant « pardon », tu reconnais ta responsabilité inconsciente. Et en prenant ta responsabilité, tu accèdes au pouvoir qui t'a été conféré.

En disant **« merci »**, nous autorisons la divinité à effacer les lignes de code et les croyances qui ont amené ce « problème » ou ces événements dans notre vie. Nous livrons nos préoccupations à celui qui peut tout afin qu'il les résolve pour nous, et de manière harmonieuse pour tout le monde. Ne sachant pas quelle est la meilleure solution pour tous, nous donnons une autorisation pour que le miracle se produise.

Nous disons merci pour tout ce que nous avons reçu, pour la vie, pour ce cadeau immense, pour être sur Terre maintenant et pour le pouvoir de l'amour.

« Je t'aime » permet de se connecter à l'amour, à la divinité, à un état de paix profond. C'est un moyen de rétablir le contact avec notre origine, avec ce qui est au-dessus de nous, qui peut tout. Et qui nous a créés.

J'utilise ces quatre mots tous les jours et ils m'ont aidée à résoudre d'innombrables conflits sans avoir besoin d'échanger la moindre parole avec qui que ce soit.

13

LES INDISPENSABLES

TU AS TOUT !

« LA FOI EN TOI EST LE PREMIER PAS QUI PRÉCÈDE TOUTE GRANDEUR. SI TU N'AS PAS FOI EN TES PROPRES CHANCES DE RÉUSSITE, LE COMBAT SERA TERMINÉ AVANT MÊME DE COMMENCER. »

Douglas Vermeeren
Auteur, coach et acteur

Tu as tout !
- La clarté.
- Le point de vue.
- Le langage et les déclarations.
- La visualisation.
- Le détachement.
- L'intuition.
- La décision. Le moment, c'est **maintenant**.
- L'action et le pouvoir de l'intention.

LA CLARTÉ

« La raison numéro un pour laquelle les gens n'obtiennent pas ce qu'ils veulent, c'est qu'ils ne savent pas ce qu'ils veulent. »

T. Harv Eker

La plupart des gens savent ce qu'ils ne veulent pas, mais ils ne savent pas exactement ce qu'ils veulent.

Que se passe-t-il quand tu ne sais pas ce que tu veux ?

Ce sont les autres qui gouvernent ta vie. Quand tu ne sais pas ce que tu veux, tu vas à la dérive. Tu refuses le pouvoir de diriger ta vie. Et si tu ne sais pas ce que tu veux, tu obtiendras difficilement ce que tu veux.

D'autre part, ceux qui ne savent pas clairement ce qu'ils veulent changent sans cesse de direction et n'arrivent nulle part.

Tant que tu ne sais pas clairement ce que tu veux, tu émets des signaux contradictoires. Maintenant je veux ci, et maintenant je veux ça. La vie t'emmène vers telle direction, mais si tu changes constamment d'avis et que tu ne finis pas ce que tu commences, tu n'arriveras nulle part.

Ne pas savoir ce que tu veux, c'est comme aller au restaurant et répondre « Je ne sais pas » au serveur qui est venu prendre ta commande. Si tu lui dis cela, il ne saura pas quoi t'apporter. Et si tu lui dis « Je ne veux pas de lentilles », il ne sera pas plus avancé.

Dans la vie, c'est pareil. Si tu ne sais pas clairement ce que tu veux, tu ne le recevras pas. Et si tu sais ce que tu veux, tu dois être concret et précis.

Si tu pars en voyage pour rendre visite à un ami et qu'en arrivant à l'aéroport ou à la gare tu prends un taxi et tu dis au chauffeur : « Conduisez-moi chez mon ami Roberto, s'il vous plaît », le chauffeur comprendra la phrase, mais il ne pourra pas t'emmener à bon port, car il lui manquera l'information nécessaire. Si tu ne lui donnes pas l'adresse exacte, il ne saura pas où aller.

« La seule limite à nos réalisations de demain sera nos doutes d'aujourd'hui. »

Franklin D. Roosevelt
Président des États-Unis de 1933 à 1945

LE POINT DE VUE

« Ce sur quoi tu te concentres détermine ce que tu trouves dans ta vie. »

T. Harv Eker

Ton approche de la vie déterminera la qualité de tes émotions. Selon le point de vue que tu choisiras, tu considéreras ce qui t'arrive d'une manière ou d'une autre, ce qui aura une influence sur les émotions que tu ressens.

Comment déterminer son point de vue ? À travers les questions que l'on se pose. Comme le dit Tony Robbins, si tu te poses des questions idiotes, tu auras des réponses idiotes.

Exemple de question et réponse idiotes : « Pourquoi ça se passe toujours comme ça ? » « Parce que je suis bête. »

Mais si tu te poses des questions intelligentes, tu trouveras des réponses intelligentes. Par exemple : « Quel enseignement je peux tirer de tout ça ? Qu'est-ce que cette situation peut m'apporter ? »

Tout dépend du point de vue que tu adoptes. Un bâtiment n'a pas le même aspect s'il est vu de la rue, d'hélicoptère ou encore de l'immeuble d'en face.

Si tu te focalises sur les problèmes, ceux-ci vont empirer. Si tu te concentres sur les solutions, tu trouveras plus facilement comment résoudre le problème.

Si tu te focalises sur les risques, tu ne verras pas les récompenses.

Si tu te focalises sur les obstacles, tu perdras de vue tes objectifs.

Ton mental ne peut pas se concentrer sur deux opposés. Donc, si tu remarques que tu te focalises sur quelque chose qui t'angoisse, change de point de vue et concentre-toi sur le contraire.

LE LANGAGE ET LES DÉCLARATIONS

« Chaque mot que tu prononces est un décret adressé à l'extérieur. »

Laín García Calvo

Chaque **mot** que nous **prononçons** se convertit en adresse pour le GPS de notre **mental**, lequel nous mènera inévitablement à cette destination.

Si tu déclares que quelque chose est très difficile, ton mental le croira littéralement et créera en toi l'émotion qui correspond au mot « difficile ». La difficulté n'en sera que plus grande et cette émotion t'éloignera de ce que tu veux obtenir. Sans même que tu en sois conscient, ton efficacité, ta capacité de réaction, ta rapidité en souffriront, et ce que tu as déclaré deviendra réalité.

D'où l'importance de bien choisir ses mots. Ceux que nous adressons aux autres et ceux que nous nous adressons à nous-même. En d'autres termes, il est important de prendre soin de notre dialogue intérieur.

Ce n'est pas la même chose de dire « C'est difficile » et de dire « Peut-être que ça ne sera pas facile ». Je t'assure que ton mental va créer deux émotions complètement différentes.

Si tu dis que quelque chose est possible, ton mental cherchera comment rendre ce « quelque chose » **possible**.

Cela me rappelle une conversation que j'ai eue avec mon mentor quand j'ai entamé mes séances de *mentoring* avec lui. Il m'avait affirmé : « Rut, c'est très facile de rencontrer quelqu'un. » Cela m'avait d'abord déstabilisée. S'il prétend que c'est facile, alors je dois être bête. À cette époque, j'avais entrepris un travail sur moi pour apprendre à me valoriser. Le lendemain, je pensais déjà différemment. J'ai commencé à me dire qu'il était peut-être dans le vrai et que je ne m'en étais jamais rendu compte.

Ce qui est sûr, c'est qu'à partir de ce moment-là je me suis mise à croire que c'était facile de rencontrer quelqu'un.

Que s'était-il passé ? J'avais mis une nouvelle croyance dans mon mental. Avec quelques mots qui avaient eu un impact sur moi, j'avais donné une nouvelle adresse au GPS.

Chaque mot que nous prononçons portera ses fruits tôt ou tard.

Et à partir du jour où j'ai commencé à me valoriser et à croire qu'il n'est pas si compliqué que cela de trouver sa moitié, j'ai reçu plusieurs e-mails et messages de garçons qui, soudain, voulaient avoir de mes nouvelles, me rencontrer ou faire ma connaissance. C'était impressionnant.

LA VISUALISATION

« L'imagination est tout.
C'est l'aperçu des futures attractions de la vie. »

Albert Einstein

Quand je suis retournée à Fribourg, alors que je me rendais chez une amie à vélo, j'ai croisé un ami que je n'avais pas vu depuis plus d'un an.

Nous avons fait quelques pas et échangé des nouvelles. Je lui ai parlé de ma reconversion professionnelle. Il m'a parlé de ses voyages en Amérique du Sud.

Il m'a raconté qu'il venait de perdre son téléphone portable ; il sortait du cinéma et attendait la fin de la séance suivante pour vérifier si son téléphone se trouvait bien là-bas. Je lui ai dit : « À Fribourg on ne perd rien, on retrouve tout. Parce que les gens sont honnêtes. »

Il m'a demandé :

« Toi qui es coach, tu ferais quoi pour retrouver le téléphone ?

— J'irais au cinéma le récupérer, ai-je répondu en riant. Visualise-le dans le cinéma. »

Après quelques secondes j'ai ajouté :

« Visualise que tu le retrouves dans le cinéma après la séance et qu'on va le chercher ensemble. »

À ma grande surprise, il a répondu :

« C'est ça ! Excellent conseil. Visualisons-le ! »

À la fin de la séance, nous nous sommes rendus au cinéma et sommes entrés pour chercher le portable, et il y était ! À l'endroit où nous l'avions visualisé, sur le sol, sous le fauteuil où mon ami était assis.

Nous sommes sortis du cinéma, avons un peu philosophé et nous sommes quittés.

« Celui qui cherche trouve. » Alors que je marchais pour récupérer mon vélo, je me répétais mentalement ce qu'il venait de me dire : « Celui qui cherche trouve. » « OUI ! » j'ai pensé. Et j'ai souri.

Sans cesser de sourire, j'ai retiré mon antivol et j'ai grimpé sur mon vélo. Je me suis alors rendu compte que la chaîne avait sauté. Avant même que j'aie le temps de réagir, un garçon s'est arrêté à ma hauteur et s'est adressé à moi en espagnol : « Je peux t'aider ? » Et moi, toujours le sourire aux lèvres, j'ai hoché la tête. Je n'en revenais pas : non seulement j'avais trouvé de l'aide sans même avoir eu à en demander, mais en plus on me parlait en espagnol.

« La chaîne a déraillé, ai-je enfin réussi à dire, tu sais la remettre ? » Il a souri et a acquiescé. Il s'est penché et a fait tourner la pédale jusqu'à ce que la chaîne s'enclenche au dérailleur. Je l'ai remercié, il m'a souri et il est parti.

Quant à moi, je n'en revenais toujours pas d'avoir trouvé une réponse aussi rapidement, et je me répétais, plus convaincue que jamais : **« Oui, c'est vrai, celui qui cherche trouve. »** Plus tu te convaincras de cela, plus vite tu trouveras.

Tu peux penser que tout est le fruit du hasard et continuer de vivre comme tu l'as toujours fait. Mais tu peux aussi envisager la possibilité que la visualisation est l'un des outils les plus puissants que nous possédons à travers l'expérience.

Au début, j'avais du mal à y croire. Ça me semblait aussi improbable que compliqué. Il est vrai qu'il n'est pas facile de maîtriser l'art de la visualisation, tant il peut exister un nombre infini de blocages dont nous ne sommes pas conscients.

Mais tout, dans la vie, est une question d'entraînement. Si tu arrives à repérer les blocages internes ou les contre-intentions qui existent en toi, lorsque tu visualises quelque chose avec clarté en te détachant du résultat, tôt ou tard tu y parviendras.

Qu'entend-on par « se détacher du résultat » ?

Cela signifie sans être obsédé par celui-ci, sans se soucier d'y parvenir ou non, sans mettre des conditions.

Lorsque nous espérons recevoir quelque chose en particulier d'une personne en particulier, nous mettons des conditions. Et ces conditions peuvent bloquer, empêcher ou retarder le fait d'obtenir ce que l'on veut.

Par exemple, si ce que tu veux d'une personne va à l'encontre de ce que cette personne veut, de ses principes ou de ses valeurs, et que tu poses des conditions à ce que tu souhaites recevoir de cette personne, tu vas à l'encontre de ses principes et sa liberté. Si tu poses trop de conditions, cela complique les choses et il peut s'écouler des années avant que tu obtiennes ce que tu désires.

C'est pourquoi, chaque fois que nous sommes en demande, nous devons laisser les portes ouvertes et éviter de mettre des conditions pour tout, et encore moins vis-à-vis de celui dont nous attendons quelque chose. Tout dépend de ce que tu visualises ou de ce que tu attends.

« Si vous voulez créer quelque chose, si vous voulez atteindre un objectif, vous devez d'abord le créer dans votre esprit, vous devez le visualiser, le ressentir et le désirer ardemment. C'est cette vision qui crée l'énergie nécessaire pour passer à l'action et entreprendre les démarches qui s'imposent jusqu'à ce que cela devienne réalité. Vous êtes la personne la mieux placée pour le savoir. Vous êtes un architecte. »

Javier Iriondo
Écrivain

Je vais te raconter une anecdote qui m'est arrivée il y a peu et qui illustre bien cela. Cela faisait près d'un an que je n'avais pas vu une amie. Nous avions toutes les deux un agenda bien rempli. Pendant des mois, nous avons essayé en vain de trouver un créneau. Et un jour j'ai pensé : « J'ai vraiment envie de voir Blanca. » J'ai visualisé que je la rencontrais l'après-midi même et j'ai visualisé l'endroit où nous allions nous retrouver. J'ai visualisé que par chance elle serait libre cet après-midi-là. Je lui ai envoyé un message et je suis partie faire un footing.

À mon retour, j'avais un message d'elle. Je l'ai rappelée. Cet après-midi-là, précisément, elle avait rendez-vous avec une amie, et juste après qu'elle a reçu mon message, son amie lui a envoyé un texto pour annuler. Alors nous nous sommes donné rendez-vous et nous nous sommes vues à l'endroit que j'avais visualisé.

Le hasard? À toi de choisir ce que tu veux croire. Si tu crois être capable de visualiser, tu pourras tirer profit de ce pouvoir. Si tu n'y crois pas, non.

C'est aussi simple que cela. C'est à **toi** de **choisir** ce que tu veux croire. Toujours.

Pourquoi parvenons-nous à mener certains projets à terme alors que d'autres ne débouchent sur rien? Tout dépend si celui qui en est à l'origine a les idées claires ou non, et de ce que croient les personnes concernées. Si l'instigateur du projet est clair et convaincu que ça va marcher, les autres le ressentiront. Cela est valable pour tout projet en équipe. Plus le chef a les idées claires, mieux il transmettra son objectif.

À l'inverse, si celui qui est à l'origine du projet ne sait pas très bien où il va et ne croit pas en son équipe, s'il doute de ses réactions ou de ses propres aptitudes à diriger, son projet n'ira probablement pas très loin. Clarté et crédibilité sont primordiales avant d'entreprendre un projet.

LE DÉTACHEMENT

« Comporte-toi comme si tu l'avais déjà. »

Laín García Calvo

Une fois que tu as visualisé ce que tu veux, fais comme si tu l'avais déjà. Comme si cela faisait déjà partie de ta vie. Ressens et exprime cette gratitude avec tes sentiments. De tout ton cœur. Tant que tu ne le vois pas dans ton esprit, tant que dans ton cœur tu ne le crois pas possible, rien ne viendra.

Une fois que tu l'as vu et que tu l'as ressenti, accordes-y moins d'importance. Détache-toi du résultat. Quand tu sais que quelque chose t'appartient, tes inquiétudes disparaissent et tu n'éprouves plus la nécessité de l'obtenir, puisque tu le possèdes déjà.

Il est essentiel de ne pas ressentir le besoin de ce que l'on désire. Pour y parvenir, le plus simple est de ne pas y accorder trop d'importance.

Regarde, quand tu réussis à atteindre un objectif, tu n'y accordes plus autant d'importance, n'est-ce pas ? Tu t'habitues à ce que cela fasse partie de ta vie.

Eh bien, ça, c'est le sentiment que tu dois transmettre. Tu possèdes déjà ce que tu veux, tu en es reconnaissant et tu n'y accordes plus autant d'importance. C'est cela, se détacher du résultat.

L'INTUITION

« Si nous écoutons le créateur en nous, il nous mènera au droit chemin. »

Julia Cameron
Auteur et artiste, experte en créativité

L'intuition est l'un des outils les plus puissants dont tu disposes. Ton intuition est comme un messager entre la divinité et toi. C'est la voix de ton âme. Seulement, comme notre mental fait beaucoup de bruit, il n'est pas toujours facile de l'entendre. Le volume sonore de nos pensées est très élevé.

La voix de ton âme ou de ton intuition, elle, ne te parle pas : elle murmure.

Une des grandes différences entre celui à qui tout réussit et celui qui passe inaperçu, c'est précisément que le premier croit en son intuition et l'autre pas. L'un croit en lui et l'autre non. L'un croit en ses idées et l'autre non. Ceux qui croient en eux suivent leur intuition.

La différence entre les génies de l'histoire et ceux qui restent dans l'anonymat, c'est que les premiers ont cru en leurs idées et leur intuition, les autres non. Les premiers ont cru en leurs dons, les autres non.

Comme le disait Albert Einstein : « Tout le monde est un génie, mais si vous jugez un poisson sur sa capacité à grimper aux arbres, il passera sa vie à croire qu'il est stupide. »

Bien sûr, on peut se tromper, mais comme nous l'avons vu, l'erreur n'existe pas. Se tromper fait partie de l'apprentissage et de la réussite.

Celui qui ne fait rien ne se trompe pas, celui qui ne se trompe pas n'apprend pas, celui qui n'apprend pas n'avance pas.

Les idées sont là. Elles attendent juste que quelqu'un croie en elles. Si toi tu ne le fais pas, un autre le fera à ta place.

Les mêmes idées arrivent toujours à plusieurs personnes au même moment, parce que tout le monde n'ira pas jusqu'au bout. C'est de cette manière que l'univers peut s'assurer que quelqu'un les développera. Et si tu ne prêtes pas attention à lui, il passera au suivant.

Voilà pourquoi il arrive que tu lises quelque chose et te dise: «Ça alors! Mais j'y avais déjà pensé!»

LE MOMENT, C'EST MAINTENANT LA DÉCISION T'APPARTIENT

«Il y a un temps pour laisser les événements se produire et un temps pour faire en sorte qu'ils se produisent.»

Hugh Prather
Écrivain et conseiller

Le présent est la seule possibilité. Il y a deux moments durant lesquels nous ne pouvons rien faire : hier et demain. Aujourd'hui et maintenant, c'est la seule possibilité.

Si ce n'est pas maintenant, alors quand ?

« Maintenant » t'appartient. « Maintenant », c'est le moment où tu exerces ton pouvoir de décision et ton pouvoir d'action. C'est le moment où tu écris ton avenir et où tu donnes une intention à tes actions.

« Maintenant » est le plus important. Parce que c'est maintenant que tu as la possibilité de transformer ta vie. C'est très simple. Il suffit de faire le premier pas et de manifester ton intention. Où veux-tu aller ?

Transformer ta vie est très facile. Connecte-toi juste avec le moment présent. Lâche le passé. Libère-toi des souvenirs qui t'empêchent d'être heureux. Libère-toi de tout ce qui te paralyse. Laisse tout ça s'en aller et le présent t'appartiendra.

Ne t'échappe pas vers le futur non plus. Ou si tu t'échappes vers le futur, que ce soit pour visualiser tes rêves déjà accomplis. Mais cesse de t'inquiéter de ce qui n'est pas arrivé.

Tout cela est très utile au travail, aussi. Le stress se produit précisément quand nous passons plus de temps dans le futur que dans le présent. Si tu penses à tout ce que tu dois faire dans la journée, tu auras du mal à te concentrer sur ce que tu fais à l'instant présent. Tu seras moins performant et plus stressé. Pourquoi ? Parce que tu n'es pas dans le présent. Tu as abandonné le « maintenant ».

Pour améliorer notre performance et diminuer le niveau de stress, il est indispensable de se connecter au **« maintenant »**.

Si tu veux provoquer un changement dans ta vie, le **moment**, c'est **maintenant**. Si tu as un **rêve**, le moment, c'est **maintenant**.

Si tu reportes une décision, celle-ci te pèsera de plus en plus parce que tu ne lui offres pas une issue. De deux choses l'une, soit tu oublies, soit tu passes à l'acte.

Si tu veux un **changement**, il suffit de faire le premier pas. Inutile d'accomplir de grands actes. Un petit pas vers ton objectif, et si tu maintiens le rythme, si tu persévères, jour après jour, instant après instant, ce petit pas finira par t'emmener à l'endroit de tes rêves.

Ce petit pas est comparable à la bifurcation des voies de chemin de fer. Aussi petit soit l'angle qui te dévie du chemin sur lequel tu te trouves, ce dernier t'emmènera alors dans un endroit très différent.

Nous vivons dans un monde regorgeant de possibilités. Simplement nous ne les voyons pas toujours.

L'ACTION ET LE POUVOIR DE L'INTENTION

« Faites ce que vous n'avez jamais fait et vous verrez ce que vous n'avez jamais vu. »

Auteur inconnu

Quand tu agis, il y a toujours une motivation derrière, une intention, même si tu n'en es pas conscient. Il est très important d'identifier ce qui motive tes actes.

Généralement, nos actes sont motivés par l'amour ou la peur. Il y a toujours quelque chose qui nous pousse à agir.

Si tu sens que tu agis par obligation, alors ton acte est dépourvu de gratitude. Agir par obligation est synonyme de plainte. En réalité, tu n'as pas envie de passer à l'acte, et dans la balance peur-amour, la plainte est du côté de la peur.

Par exemple, si tu n'aimes pas ton travail mais que tu te sens reconnaissant d'avoir un emploi, tu apprécieras plus volontiers ce travail, même si tu n'exerces pas le métier de tes rêves.

Si tu agis par amour ou par gratitude, le résultat que tu obtiendras sera très généreux avec toi. Si, au contraire, c'est la plainte ou la peur qui motivent tes actes, tu auras davantage de raisons de te plaindre et tu ne seras pas en confiance.

Dans tes relations avec les autres, c'est pareil. Quand ce que tu dis ou fais est motivé par la peur de perdre l'autre ou parce que tu es en attente vis-à-vis de cette personne, ce n'est pas bon. Car tu transmets cette peur de l'abandon et tu génères une relation de dépendance.

Ce sentiment d'abandon vient du fait que tu te refuses quelque chose. Quand tu te refuses quelque chose, inconsciemment tu le recherches chez les autres. Qui plus est, aussi terrible que cela paraisse, tu vas parfois jusqu'à l'exiger. Et si tu ne parviens pas à tes fins, tu t'énerves, tu te sens blessé, alors qu'en réalité c'est **toi** qui te refuses quelque chose.

Mais revenons au pouvoir de l'intention. Il est très important de clarifier cette intention et de l'assainir chaque fois que cela sera nécessaire.

Si ton action est motivée par la peur, réexamine-la et change d'attitude. Parce que l'intention est le moteur, et ce que tu donnes, c'est ce que tu vas recevoir.

Quand j'étais à Fribourg, j'ai étudié l'allemand pendant six mois avant de chercher du travail. Au début, je ne me sentais pas prête avec l'allemand et je n'y croyais pas trop. Mais mes économies étant sur le point de s'épuiser, il a bien fallu que je me lance. Il était très clair pour moi que je devais faire passer ce message : je voulais du travail, je le méritais et j'avais peu de temps devant moi.

La première quinzaine de janvier, une vague de froid sibérien s'est abattue et la température n'a pas dépassé les –10 degrés.

J'ai cherché du travail sur Internet dans tous les domaines où je pensais pouvoir me débrouiller : architecte, photographe, professeur d'espagnol, graphiste, secrétaire, serveuse ou vendeuse. Peu m'importait. Mon défi, c'était de trouver quelque chose. C'était de plus en plus clair pour moi. Si je ne trouvais pas de travail à Fribourg, j'irais ailleurs. Sincèrement, peu m'importait. J'ai donc commencé à élargir mon champ de recherche.

J'en étais arrivée à penser : « Si Fribourg n'est pas l'endroit où je dois être, j'irai où il faudra que j'aille. » Ça m'était vraiment égal.

Puis un jour je suis sortie par –10 degrés, habillée comme un esquimau. Les rues étaient transformées en patinoire. Je suis entrée dans toutes les boutiques et tous les restaurants que j'aimais bien dans mon quartier et j'ai demandé s'ils avaient besoin de quelqu'un. La tête haute, heureuse et reconnaissante pour cette belle journée, heureuse et reconnaissante d'être moi-même et d'être là.

Mon intention était claire. Je sentais que j'étais prête, que je méritais de trouver du travail et que celui qui m'embaucherait serait reconnaissant de m'avoir engagée, car en cet instant précis, je me sentais forte et je savais ce que je valais.

C'était le signal, l'intention que j'envoyais à l'univers. Un signal d'assurance, de confiance, de gratitude.

Une semaine plus tard, je recevais un e-mail avec une offre de travail d'un cabinet d'architectes. Le jour où je devais passer l'entretien d'embauche, je pressentais déjà que ce poste était pour moi. Un mois plus tard, je travaillais avec eux.

14

DE L'AUTRE CÔTÉ DE LA PEUR

TES RÊVES

> « "VENEZ AU BORD
> DE LA FALAISE, A-T-IL DIT.
> – NOUS AVONS PEUR,
> ONT-ILS DIT.
> – VENEZ AU BORD
> DE LA FALAISE", A-T-IL DIT.
> ILS SONT VENUS. IL LES
> A POUSSÉS… ET ILS ONT VOLÉ. »

Guillaume Apollinaire
Poète, romancier et essayiste

COMMENT GÉRER LA PEUR ?

Une fois que tu dépasses les barrières de la peur, tout un éventail de possibilités s'ouvre à toi, ainsi que l'occasion de jouir d'une foule de choses merveilleuses que tu n'aurais jamais cru pouvoir vivre à d'autres périodes de ta vie.

Jamais je n'avais imaginé que je serais un jour capable de faire de la planche à voile. Cela ne m'avait même jamais traversé l'esprit. La veille de le faire, j'étais tellement excitée que j'avais peu dormi.

Deux choses m'ont frappée.

La première : après le cours théorique qui nous a été donné sur la plage, lors duquel nous avons appris à redresser la voile et à conserver l'équilibre, nous nous sommes jetés à l'eau, chacun nageant avec sa planche jusqu'au bateau qui nous récupérait un peu plus loin. Quand je suis montée sur le bateau, j'ai eu tout à coup un violent mal de tête, qui s'est déclenché en quelques secondes à peine. « Qu'est-ce qu'il m'arrive ? » me suis-je demandé. C'était insupportable. Et aussitôt, j'ai compris que c'était la peur.

Alors je me suis concentrée sur ma respiration et j'ai essayé de me détendre, en me répétant : « On se calme, tout va bien. On se calme, tu ne risques rien. » Une minute plus tard, alors que le bateau nous emmenait à l'endroit où nous allions faire de la planche à voile, la douleur avait disparu.

J'avais identifié la peur sur le plan physique et découvert que je pouvais faire disparaître la douleur en répétant un ordre clair pour mon mental, lequel a permis de chasser la peur : « On se calme, tout va bien. On se calme, tu ne risques rien. »

La seconde chose qui m'a frappée, c'est quand ils m'ont laissée aller dans l'eau. Je me suis rendu compte que grimper sur la planche était beaucoup plus simple que je ne l'avais imaginé. Et dès que j'a redressé la voile, la planche s'est mise à filer à toute vitesse, au point que j'ai pris peur et je me suis jetée à l'eau. J'ai alors compris que c'est exactement ce qui se produit dans la vie. **Le plus difficile, c'est d'avoir confiance. Mais une fois que nous prenons confiance, nous autorisons la vie à s'écouler** et tout devient beaucoup plus simple que nous le pensions.

Seulement, quand la peur s'empare de nous, nous nous autocensurons et jetons l'éponge. En revanche, si tu as confiance, c'est incroyable ce qu'il peut se passer. Quand tu évolues avec assurance, en suivant ton intuition, et que tu persévères sans te laisser décourager par les obstacles qui peuvent se dresser en chemin, les résultats sont impressionnants.

Quand j'étais sur la planche à voile, la vitesse m'effrayait parce que je n'étais pas habituée à avoir confiance et à ce que la vie s'écoule si naturellement.

LE LION ASSOIFFÉ

À la tombée du jour, le grand lion se rendit jusqu'à un lac des environs pour s'y désaltérer. C'était son lac préféré car ses eaux étaient propres et cristallines. Quand le félin inclina la tête pour étancher sa soif, il vit son visage se refléter et crut qu'un autre lion le regardait méchamment.

Effrayé, il fit un bond en arrière.

« Ce doit être le gardien du lac. Il va m'attaquer si je bois de son eau », pensa-t-il.

Terrorisé, il s'éloigna de la rive. Un peu plus tard, avec un peu de chance, le gardien ne serait plus là. Mais la soif le tenaillait, et il décida de faire une autre tentative.

Et à nouveau, alors qu'il inclinait la tête, il vit le lion du lac qui l'observait. Il voulut lui faire peur et ouvrit grand sa gueule, laissant échapper un terrible rugissement, et le lion du lac en fit autant. Épouvanté, l'animal déguerpit sans demander son reste.

Comme il avait de plus en plus soif, il refit plusieurs tentatives, mais ce maudit lion était toujours là qui l'empêchait de boire.

Jusqu'au moment où, n'y tenant plus, il décida de mettre son mufle dans l'eau quoi qu'il lui en coûte.

Il s'approcha du rivage et plongea vite sa gueule dans les eaux cristallines. Et alors, le « lion gardien » disparut.

CONTE HINDOU

En parlant de surmonter ses peurs, l'expérience qui m'a le plus marquée, je l'ai vécue au cours du séminaire « Marcher sur le feu » que Laín García Calvo a organisé dans toute l'Espagne. Ce séminaire vise à déstabiliser nos systèmes de croyances limitantes pour pouvoir surmonter nos peurs. J'ai été époustouflée par ce que j'ai vécu au cours de ces séances.

Depuis toute petite, j'ai toujours été impressionnée par les blessures et le sang ; je m'évanouissais chaque fois que l'on devait me faire une piqûre.

En novembre 2013, je me suis rendue à Grande Canarie dans le seul but de participer à ce séminaire. Je savais parfaitement ce que je voulais faire dans la vie et j'avais surmonté bon nombre d'obstacles et de peurs.

Je croyais déjà un peu plus en moi et pourtant, professionnellement, je me sentais paralysée sans trop savoir pourquoi. Je voulais commencer à travailler, mais quelque chose me bloquait.

Laín m'a encouragée à m'inscrire, et comme j'avais pleinement confiance en lui et que tout le monde me disait des merveilles de cette expérience, j'ai eu envie d'essayer.

Même si cela me paraissait impossible, je savais que j'allais traverser le feu sans me brûler. Je m'étais faite à l'idée.

Ce à quoi je ne m'attendais pas du tout, en revanche, c'est que nous allions aussi briser une flèche avec la gorge. Vu mon rapport au sang, je n'y comptais pas trop !

Bien sûr, il n'y avait aucune obligation. Chacun choisissait les épreuves auxquelles il voulait se soumettre.

Le fait est que je me trouvais là-bas, en état de choc. Et pourtant, j'ai pu constater que tout le monde réussissait l'exercice sans aucun problème ! Les flèches se brisaient avec une facilité étonnante. C'était un spectacle incroyable !

Puis je me suis dit : « Si les autres y arrivent, alors moi aussi je peux le faire. » Quand mon tour est venu, le professeur m'a regardée dans les yeux et a prononcé les mots clés : « Rut, arrête de réfléchir ! Et avance ! »

Sans plus attendre, j'ai fait un pas en avant et la flèche s'est brisée instantanément.

Bien sûr, que personne ne s'avise à prendre une flèche et à essayer tout seul dans son coin. Cet exercice nécessite une préparation mentale ; il y a aussi des règles à respecter, et il est préférable d'être accompagné par un coach professionnel en techniques d'impact.

Ça a été une expérience très forte, comme tout ce que j'ai ressenti et ce qui m'a traversé l'esprit le reste de la journée. À ce moment-là, j'ai compris ceci : si j'ai été capable de faire ça, alors combien de choses pouvais-je réussir !

Combien de fois avais-je abandonné au cours de ma vie, pensant ne pas être capable d'y arriver ?

Comme le dit Jim Landrum : « Si vous ne savez pas que vous ne pouvez pas, alors oui, vous pouvez, et si vous ne savez pas que vous pouvez, alors vous ne pouvez pas. »

Et j'ai aussi compris ce que disait Henry Ford : « Que vous pensiez être capable ou ne pas être capable, dans les deux cas vous avez raison. »

C'est là que réside la différence. La peur est juste un écran créé par ton mental. Pour que tu restes dans ta zone de confort, pour te « protéger ». En fait, en l'absence de dangers réels, le mental cherche à éviter tout changement afin d'économiser de l'énergie. Comment y parvient-il ? En te maintenant toujours dans l'expérience connue.

Cependant, ce n'est pas cela qui va t'apporter le bonheur. Parce que nous sommes des êtres vivants, créatifs, nous sommes amour et nous avons besoin de grandir, de vivre, d'apprendre chaque jour et à chaque instant. Nous sommes énergie, et lorsque nous l'empêchons de circuler, nous souffrons.

La peur, c'est juste une émotion, un artifice produit par ton mental. Et pour cette raison, la peur ne peut jamais être plus grande que celui qui l'a créée. Cela n'aurait aucun sens.

Ressentir la peur est humain. Mais maintenant, chaque fois que quelque chose me fait peur, je sais ce qui peut me faire grandir. Les peurs me montrent le chemin de mes rêves. C'est là que je tirerai un enseignement.

Par exemple, lors de ce séminaire, j'ai découvert que ce qui m'empêchait d'entamer une carrière professionnelle d'architecte des émotions, d'auteure, de conférencière et de coach, c'était ma honte, la peur du qu'en-dira-t-on, de ne pas être à la hauteur, de ne pas être capable. Les peurs apparaissent généralement déguisées, ainsi il est plus difficile de les reconnaître. Parfois, elles se déguisent en honte, en envie, etc.

Et ce jour-là, j'ai appris l'immense pouvoir du mental. J'ai éprouvé une libération énorme. Un sentiment de liberté que je n'avais jamais connu. Dorénavant, je ne me soucierais plus de ce que les autres pensent de moi.

Je possède toujours cette flèche brisée : elle me rappelle combien l'être humain est merveilleux et incroyable. Et tout ce que nous avons encore à découvrir.

« Si un chêne de trente mètres de haut
avait eu l'esprit d'un humain,
il n'aurait atteint que trois mètres de haut. »

T. Harv Eker

Toi seul peux poser tes propres limites. Toi seul décides jusqu'où tu veux aller.

15

LE MONDE A BESOIN DE PERSONNES QUI AIMENT CE QU'ELLES FONT

ET TOI, QU'AS-TU À TRANSMETTRE ?

« CE QUE NOUS FAISONS DANS LA VIE A SON ÉCHO DANS L'ÉTERNITÉ. »

Maximus Decimus Meridius
Gladiateur

« Ce dont le monde a le plus besoin, c'est ce que tu es venu lui donner. »

Alejandro Jodorowsky
Écrivain, réalisateur et artiste

* Projet de vie

« Tant que vous ne vous engagez pas, il y a hésitation, la possibilité de se rétracter demeure et l'inefficacité domine. (...) Dès le moment où l'on s'engage pleinement, la providence se met également en marche. (...) Tout un flot d'événements découlent de cette décision, créant en votre faveur toutes sortes d'incidents imprévus, des rencontres et des aides matérielles que vous n'auriez jamais rêvé de voir sur votre chemin. »

W. H. Murray

Si tu es déterminé à trouver ton chemin, être toi-même, réaliser ton projet de vie et suivre ta vocation, tu seras confronté à des obstacles, des murs, des peurs, des gens qui te prendront pour un naïf, qui vont essayer de te dissuader ou de te décourager. Mais si tu restes fidèle à la décision que tu as prise, tu obtiendras ta récompense.

Il est très important de ne pas abandonner, de ne pas jeter l'éponge. Ne te décourage pas, reste concentré, **ne lâche rien**... Il y aura des doutes, ton mental te fournira mille et une excuses pour reculer. Ne prête pas attention à lui. Quand tu auras surmonté tout cela, tu auras encore grandi et ton âme, ton Dieu, l'univers entier te récompenseront.

N'essaie pas de convaincre ceux qui veulent te protéger ou te faire renoncer. Aie confiance en toi, **crois en toi**. Si tu as la foi, **ta vie** ne te laissera pas tomber. Parce qu'une fois que tu auras surmonté les doutes, tu te lèveras plus fort que tu ne l'auras jamais rêvé et ton âme volera de ses propres ailes, **libre**, heureuse et en paix.

Cette voix, que nous avons tant de fois essayé d'étouffer et que nous avons enfermée, va se faire de plus en plus entendre et prendra son envol. Tu sentiras que l'univers entier te soutient, t'encourage et te donne sa bénédiction. Tu remarqueras une foule de détails qu'avant tu n'avais jamais vus. Tu prendras conscience que tu vis dans un monde magnifique, regorgeant d'amour et de beauté. Tu te rendras compte que la vie est parfaite.

Quand tu commenceras à croire en toi, tu rencontreras des êtres exceptionnels qui, rien qu'en te voyant, reconnaîtront ta grandeur, ton âme et ta lumière. Et tout ce que tu donnes, tu le recevras en retour au centuple.

De tous les voyages que tu feras, c'est ce voyage en toi qui se révélera le plus étonnant. Tu y découvriras une infinité de potentiels endormis.

SI TU AS UN RÊVE, NE T'ARRÊTE PAS

Aie confiance : même si, en apparence, rien ne change, même si ceux qui comptent pour toi ne croient pas en toi ou essaient de te dissuader, persiste, et surtout, ne lâche rien.

Chaque processus se développe à sa manière, selon le temps dont il a besoin, et exige de notre part persévérance et confiance. Notre principale erreur est la précipitation. Quand nous voulons quelque chose, nous le voulons tout de suite. Lève les yeux et regarde autour de toi, observe la nature et ses processus.

Les forêts les plus luxuriantes, les plus beaux paysages ne sont pas sortis de terre du jour au lendemain. Il y a un temps pour tout, et tu dois persévérer à chaque instant, continuer à bâtir et y croire.

PROTÈGE TON RÊVE

Si tu as un rêve, n'en fais part à personne avant qu'il ne gagne en force. Les rêves requièrent beaucoup d'énergie, ils ont besoin que tu croies en eux. Surtout au début, quand ils sont en gestation : ils ont besoin que tu les nourrisses quotidiennement. Si tu les racontes, si tu les partages, inévitablement les gens vont exprimer leur opinion, qui pourra renforcer ou affaiblir la tienne.

Ça a été l'une de mes plus grandes erreurs. J'avais l'habitude de faire part de mes idées avant de me lancer. Et chaque fois que je m'ouvrais à quelqu'un, sans m'en rendre compte je dépensais mon énergie à essayer de soutenir ce rêve afin qu'il demeure viable aux oreilles des autres, ce qui le vidait de toute énergie.

TON PASSÉ NE TE DÉFINIT PAS

Ton passé ne sera jamais un obstacle, car il est déjà passé. Ton parcours ne te définit pas, il appartient au passé. Ce que tu as vécu n'est que le résultat de ta façon de penser par le passé. Ce que tu vivras à l'avenir sera le résultat de ce que tu penses aujourd'hui. L'avenir n'est pas écrit. Il se bâtit sur le présent.

Alors peu importe où tu te trouves, peu importe la distance qui te sépare de ta destination. Ce qui est génial, c'est qu'aujourd'hui tu peux choisir où aller. Aujourd'hui, tu peux choisir qui tu veux être. Aujourd'hui, tu peux choisir comment vivre ta vie, ce que tu veux ressentir, ce qui est important pour toi et ce qui ne l'est pas.

Aujourd'hui, tu peux changer tes croyances limitantes et ta façon de penser. Aujourd'hui, c'est possible.

C'est beau de voir comment, à mesure que tu modifies ces croyances, que tu intériorises de nouvelles habitudes et que tu intègres les changements, ton mental prend forme, acquiert une nouvelle structure.

Peu à peu tu ressens la paix, la sécurité et la stabilité. Tu n'as plus à déployer des efforts considérables pour te remettre des imprévus de la vie, pour te concentrer sur le côté positif des choses ou poser ton regard ailleurs.

Une fois que tu auras ressenti le changement qui se produit en toi, plus rien ne pourra te vaincre. Apprends à avoir confiance et à moins t'inquiéter.

L'EFFET PYGMALION

« La capacité de croire en l'autre nous ouvre les portes de tout un univers où se multiplieront les opportunités de collaborer et de créer avec d'autres personnes. »

Ricardo Gómez
Auteur de *Trabajo y felicidad* (Travail et bonheur), conférencier et coach

Dans la mythologie grecque, on dit que Pygmalion, roi de Chypre, chercha longtemps une épouse dont la beauté correspondrait à son idée de la femme parfaite, mais qu'il ne la trouva pas. Le roi vécut dans la solitude durant un temps infini. Las de cette situation, il entreprit de sculpter une statue de femme aux traits parfaits et exquis. Il l'appela Galatée. Elle était si parfaite et si belle qu'il tomba éperdument amoureux d'elle. Il rêvait que la statue prît vie. Le roi, attiré par l'œuvre qu'il avait réalisée, ne pouvait détacher ses pensées de sa bien-aimée faite d'ivoire.

À l'occasion d'une fête organisée sur l'île en l'honneur de Vénus, Pygmalion supplia la déesse de donner vie à sa statue bien-aimée. La déesse, qui était disposée à lui accorder cette faveur, éleva la flamme de l'autel du sculpteur trois fois plus haut que celle des autres autels. Pygmalion, qui ne comprit pas le signal, s'en retourna très déçu.

Une fois chez lui, il contempla la statue pendant des heures. Après un long moment, l'artiste se leva et l'embrassa. Pygmalion ne sentait plus les lèvres gelées d'ivoire, mais une peau douce et chaude au contact de ses lèvres. Il l'embrassa de nouveau, et la statue s'anima et tomba follement amoureuse de son créateur. Vénus, afin de satisfaire totalement le roi, fit don de la fertilité à sa bien-aimée.

L'effet Pygmalion, en psychologie, désigne la tendance qu'ont nos attentes vis-à-vis des autres à se réaliser. Non seulement ce que tu attends de toi, mais aussi ce que tu attends des autres.

Si tu penses que quelqu'un va te décevoir, tu te méfieras de cette personne. Et il est tout à fait probable que cette personne finisse par s'éloigner de toi. Si, au contraire, tu as confiance en elle et que tu le lui montres, au fil du temps cette personne va certainement répondre à ton attente.

D'une manière générale, nous sommes très sensibles aux opinions d'autrui. Cela paraît évident. Ce qui, peut-être, l'est moins, c'est que chaque fois que nous jugeons quelqu'un ou que nous le critiquons, nous émettons un type d'émotions. Et ces émotions, comme nous l'avons vu au chapitre 5, génèrent un champ magnétique qui interfère avec les personnes que nous louons ou critiquons. Ce n'est pas visible, mais c'est aussi réel que ce que tu transmets quand tu aimes ou quand tu es contrarié.

L'autre peut le percevoir même s'il n'est pas physiquement à tes côtés. Si tu insultes quelqu'un ou que quelqu'un t'insulte, ça peut te mettre mal à l'aise. Cette énergie se transmet et nous pouvons la ressentir même si nous ne la voyons pas.

Il est donc très important d'apprendre à croire en l'autre, en plus de croire en nous-même. Et de choisir quel regard nous poserons sur ceux que nous côtoyons. Que nous soyons conscients de ce que nous transmettons est une chose, mais indépendamment de cela, nous sommes tous responsables de ce que nous transmettons.

Nous sommes tous les cocréateurs de la réalité que nous vivons. Cela ne fait pas de nous des êtres coupables, puisque nous le faisons inconsciemment. Mais nous sommes sans aucun doute responsables.

Si un professeur baisse le niveau de son cours parce qu'il a affaire à des élèves qui, lui a-t-on dit, ont du mal à suivre, on peut être sûrs que le niveau de ces élèves baissera encore. Si l'on attend moins d'eux et que l'on exige moins d'eux, ils donneront moins.

Si, à l'inverse, un professeur fait sentir à ses élèves qu'ils sont uniques, qu'ils sont capables et peuvent réussir, ils parviendront à se surpasser et à améliorer leurs résultats.

Tout dépend de la façon dont nous traitons les gens et ce que nous attendons d'eux. Car en fonction de ce que nous attendons, nous adopterons tel ou tel comportement.

Après avoir passé trois mois à étudier l'allemand à Fribourg, j'ai préparé un test de niveau pour changer de cours. Ma professeure d'allemand me répétait que je ne savais pas parler, elle me disait : « Rut, vous faites beaucoup de fautes, c'est de pire en pire. Pour moi, vous n'êtes pas prête à passer au niveau supérieur. »

Et c'est vrai que je perdais de l'assurance et commettais de plus en plus d'erreurs. J'ai quitté ce cours, j'ai passé l'examen d'entrée pour l'autre cours, et en sortant de l'épreuve j'étais persuadée d'avoir échoué. À l'époque, je partageais un appartement avec trois Allemandes, et j'avais de plus en plus de difficulté à communiquer avec elles. Jusqu'à l'annonce des résultats de l'examen.

La semaine suivante, je suis allée récupérer mes notes et mon nouveau professeur d'allemand m'a dit: « Rut, je vous recommande de passer au niveau supérieur, sinon vous allez vous ennuyer. Vous avez eu la note maximale. Votre examen était parfait. »

Comme vous pouvez l'imaginer, j'étais aux anges. Je suis rentrée chez moi et je n'arrêtais pas de parler, mon allemand était fluide, je n'avais plus aucun problème. Ce jour-là, j'ai compris à quel point il est important de savoir s'entourer des bonnes personnes et d'apprendre en leur compagnie. Des personnes qui croient en toi et t'aident à progresser.

« Nous sommes les architectes de prophéties autoréalisatrices. »

Eduardo Punset
Écrivain, économiste, homme politique et vulgarisateur scientifique

C'était incroyable de voir à quel point mon niveau d'allemand avait évolué uniquement parce que je savais que je pouvais m'en sortir. Le blocage était interne. Non pas que je ne fusse pas capable, seulement je ne m'en croyais pas capable. Ce jour-là, j'ai pu vérifier le pouvoir considérable qu'exercent les opinions des autres sur nous-même lorsque nous ne croyons pas en nous.

**SI TU CROIS QUE LE MONDE
EST PLEIN DE GENS MERVEILLEUX,
TU LES RENCONTRERAS.
SI TU COMMENCES À PENSER QUE LE MONDE
EST UN ENDROIT EXTRAORDINAIRE,
TA VIE COMMENCERA À ÊTRE EXTRAORDINAIRE.**

La clé réside toujours dans ton mental, dans ce que tu crois. Pas seulement en raison de ton aptitude à te transformer, mais aussi en raison de ta capacité à transformer le monde dans lequel nous vivons et la réalité que tu vis.

Nos attentes envers les autres tendent à être comblées, même lorsque les personnes en question n'en sont pas conscientes. Que ces attentes soient positives, motivées par l'amour, ou négatives, motivées par la peur.

Je peux t'assurer que depuis que j'ai pris conscience de cette réalité et de mes émotions, toutes mes attentes, l'une après l'autre, ont été satisfaites.

Il est temps de commencer à changer les vieux paradigmes du passé.

Le monde attend que tu croies en lui.

Quand j'ai découvert tous ces principes, j'ai ressenti une paix que je n'avais jamais éprouvée auparavant.

J'ai compris que j'avais attendu toute ma vie que quelqu'un confirme ce dont, d'une manière ou d'une autre, j'avais eu l'intuition.

J'ai cherché sans cesse, je n'ai rien lâché jusqu'à ce que je trouve. Et quand j'ai trouvé, j'ai éprouvé ce sentiment de **paix**.

J'espérais que quelqu'un confirmerait ce que j'ai toujours cru. J'avais envie de **croire**.

Désormais, je le vois chez ceux avec qui je travaille. Comme moi, ils ont envie de **croire**. Inconsciemment, ils recherchent celui qui sera en mesure de les aider à reconnaître leur potentiel, leur confiance. Afin qu'ils puissent eux aussi trouver la paix et prendre leur envol. Et c'est comme cela que la foi devient contagieuse.

Nous sommes lumière, et quand nous nous autorisons à briller, nous éclairons ceux qui cherchent et, automatiquement, nous les aidons à briller eux aussi.

IL SUFFIT D'OSER BRISER LES CHAÎNES

La vie n'est pas difficile. La vie, en réalité, est très facile. Elle se révèle difficile quand on s'impose des limites qui ne sont pas les nôtres.

La vie n'est pas effort. La vie, c'est persévérer avec enthousiasme dans ce que tu aimes.

Ne force pas les choses. Tout arrive à point nommé, respecte les cycles et les phases de la nature. Laisse la vie s'écouler. Aie confiance.

Tu es capable ! N'écoute pas ceux qui te disent le contraire. Ne le prends pas mal, ils n'ont pas encore appris à croire en eux-mêmes.

Ne sois pas réaliste ! Aujourd'hui nous pouvons faire quantité de choses grâce à tous ceux qui n'ont pas été réalistes, qui ont donné des ailes à leur imagination et croyaient en leurs rêves.

Ne laisse rien te paralyser. Tout ce que tu as semé porte ses fruits quand tu arrêtes de t'en préoccuper.

Et, le plus important, **ne cesse jamais de dire merci** pour tout ce que tu as aujourd'hui et pour tout ce que tu as vécu et reçu.

Brise les vieilles chaînes. Elles ne font que t'entraver et t'éloigner de ce que tu veux être.

CROIS EN TOI !

ASTUCES POUR CONNAÎTRE UNE VIE EXTRAORDINAIRE

1. La gratitude est abondance, la plainte est pénurie. Les choses sur lesquelles tu te concentres ne cessent de s'accroître. Plus tu seras reconnaissant de ce que tu as, plus la vie te donnera des motifs d'être reconnaissant.

2. Aime-toi. Traite-toi avec amour, pardonne-toi, prends soin de toi. Ouvre ton cœur à l'amour, à la paix, à l'abondance et à tout ce que la vie veut t'offrir de bon.

3. Laisse le passé s'en aller. Libère-toi de la souffrance qui t'empêche d'avancer, pardonne aux autres et pardonne-toi. Permets-toi de t'affranchir de toutes sortes d'émotions négatives, ne te torture pas, ne t'accroche pas à elles et ouvre-toi à l'amour et à tout ce que la vie t'a réservé de merveilleux.

4. Crois en toi si fort que le monde ne pourra faire autrement que de croire en toi. Tu es la clé. Tu as la clé. Tout ce dont tu as besoin pour obtenir ce que tu as réside en toi. D'où l'importance d'investir en toi-même.

5. Fais ce que tu aimes. Tout ce qui te rend heureux, **fais-le !** Mets de la musique, saute, danse, ris, serre dans tes bras, embrasse, nage, cours, surfe, skie, sois heureux ! **Utilise le pouvoir infini de la motivation.** Connecte-toi avec tes rêves, visualise ce que tu désires et sens-toi digne de l'obtenir.

6. Fais attention au langage et aux mots que tu utilises. Prends soin de ton dialogue intérieur et de ton vocabulaire. Chaque mot prononcé est une graine qui, tôt au tard, donnera ses fruits. Notre mental est un GPS qui, sans que nous nous en rendions compte, nous emmène vers ce que nous décrétons avec chaque mot que nous disons.

7. Le moment, c'est maintenant. Agis de façon décidée. Si tu veux être heureux, si tu as un rêve, c'est maintenant qu'il faut se lancer. Ne remets pas à demain ce que tu peux faire le jour même. Fais le premier pas aujourd'hui. Le présent est un cadeau, profites-en. **Le présent bâtit l'avenir.**

8. Le scepticisme ferme les portes, la foi les ouvre. Le mental est comme un parachute, il ne fonctionne que s'il s'ouvre. Le mental est la valeur la plus forte dans laquelle tu puisses investir. Ouvre ton mental. Cherche.

9. Si tu veux du changement dans ta vie, demande de l'aide à celui qui saura comment y parvenir. Nul besoin de réinventer la roue. Entoure-toi de gens qui ont réussi, qui sont heureux et qui savent comment obtenir ce qu'ils veulent. Ne te sens pas inférieur si tu dois demander de l'aide. Le système d'éducation actuel n'a pas encore intégré l'enseignement de la réussite. On ne nous a pas appris à gérer nos émotions, on ne nous a pas appris comment fonctionne le mental, ni à transformer notre propre réalité. Mais **aujourd'hui, il n'y a aucune raison de se priver d'obtenir ce que tu**

veux. Des centaines de milliers de gens bénéficient déjà d'une vie extraordinaire parce qu'ils ont demandé de l'aide aux bonnes personnes.

10. Persévère. Il est défendu de s'avouer vaincu. Si les gens n'obtiennent pas ce qu'ils veulent, c'est parce qu'ils ne savent pas ce qu'ils veulent. Voilà la raison principale. La deuxième raison, c'est qu'ils abandonnent trop tôt. Ce que tu as dans ta vie aujourd'hui est la conséquence de ce que tu as pensé et fait par le passé. **Ce que tu penses et fais aujourd'hui déterminera ton avenir.** Chaque projet a besoin de temps pour devenir réalité. Persévère et conserve toujours ton enthousiasme !!

Voilà quelques-uns des principes qui ont changé ma vie, et qui ont fait et continuent de faire de mes rêves une réalité.

TOUJOURS RECONNAISSANTE

Il y a trois ans, jamais je ne me serais crue capable de donner un tel tournant à mon existence. D'abandonner la « sécurité » du salariat pour devenir une femme entrepreneur.

J'ai toujours admiré ceux qui ont monté leur propre entreprise. Mais je ne me voyais pas en faire autant : je me sentais toute petite et tout cela me semblait terriblement compliqué.

Grâce à la découverte de tous les principes que j'expose dans ce livre, grâce à tout ce que Laín m'a appris et au temps que j'ai consacré à reprogrammer mes croyances, le changement a été infiniment plus simple que ce que j'avais imaginé.

Si je devais résumer **les secrets qui m'ont permis d'arriver jusqu'ici aujourd'hui**, c'est grâce...

1. **Aux livres** de développement personnel que j'ai lus.
2. **Au fait que j'aie demandé de l'aide à quelqu'un qui pouvait et savait comment m'aider**, et qui avait déjà emprunté ce chemin, et non à quelqu'un qui était dans la même situation que moi. C'est la clé. Car seul celui qui connaît déjà le chemin peut vous le montrer.
3. **Aux séminaires** auxquels j'ai assisté.
4. **À la reprogrammation des croyances.** J'ai pu ainsi me libérer d'un grand nombre de blocages internes dont j'ignorais même l'existence et enregistrer une nouvelle adresse dans le GPS de mon mental. Au cours de mes séminaires, j'enseigne des techniques qui permettent d'identifier tes croyances au niveau subconscient et de les modifier.

C'est incroyable, toutes les informations que tu peux tirer de ces tests. Tu serais étonné d'apprendre le nombre de fois où nous échouons à obtenir ce que nous voulons parce que nous ne pensons pas le mériter, à cause d'une faible estime de soi ou d'un sentiment de culpabilité persistant.

Grâce à la technique de reprogrammation des croyances que j'enseigne en séminaire, j'ai découvert des informations précieuses sur moi et les véritables raisons qui ont gouverné ma vie jusqu'à ce que j'en prenne le contrôle.

Maintenant, je comprends pourquoi il y a tant de femmes qui ont du mal à tomber enceintes, tant de gens qui ne parviennent pas à perdre du poids, à trouver un emploi, à rencontrer quelqu'un ou à s'enrichir.

Derrière tout ce que tu n'as pas accompli se cache toujours un contrordre donné par ton subconscient.

Lorsque tu repères des blocages et que tu modifies tes croyances, les changements ne s'opèrent pas uniquement sur le plan émotionnel, mais aussi sur le plan biologique.

Et ce qui est formidable, c'est qu'une fois que tu commences à nettoyer ton subconscient et à le reprogrammer, atteindre l'objectif que tu t'es fixé devient infiniment plus facile.

Je me surprends chaque jour lorsque je remarque à quel point mes réponses automatiques ont évolué. Cela m'amuse de voir comment mon subconscient me donne de l'élan sans que j'aie à faire le moindre effort pour aller où je veux aller. C'est vraiment incroyable, c'est magnifique.

De tous les voyages que j'ai faits, ce voyage vers la meilleure version de moi-même est sans aucun doute le plus beau. C'est pour cette raison que je t'offre mon aide, afin que toi aussi tu puisses t'affranchir de ce qui t'empêche d'être heureux et que tu connaisses ainsi une vie extraordinaire.

Es-tu prêt à commencer
les meilleures années de ta vie ?

Je t'aime et je crois en toi.

ET MAINTENANT, QUE PUIS-JE FAIRE DE PLUS ?

Si ***Crois en toi*** t'a plu, alors tu adoreras le deuxième et le troisième tome de la trilogie.

Dans le deuxième tome, tu **apprendras à utiliser** le pouvoir de tes émotions, mais aussi à mettre en pratique ce que tu as lu dans ce livre. Tu comprendras, étape par étape, comment fonctionne le processus de manifestation ; tu y trouveras de nombreux exercices qui te permettront d'utiliser quotidiennement cet immense pouvoir qui t'a été donné afin de vivre la vie que tu veux vivre.

Le troisième tome te livrera les clés pour pouvoir **profiter** d'une **relation extraordinaire avec toi-même** et **avec les personnes qui comptent le plus pour toi**.

En mettant tout simplement ces principes en pratique et en introduisant de nouvelles habitudes dans ton quotidien, tu pourras changer ta vie. La connaissance donne ses fruits à travers l'expérience, quand tu intègres celle-ci à ta vie. Toute habitude, même la plus petite, génère le changement. Je t'encourage à poursuivre tes lectures et à assister à des conférences et séminaires de développement personnel.

Et bien sûr, je t'encourage à venir à mes **séminaires**, ainsi tu pourras faire l'expérience de te connecter à cet amour qui réside en toi et à son potentiel infini en même temps que des centaines de personnes. Lorsqu'on est nombreux à se réunir dans le but d'être plus heureux, il s'en dégage une énergie géniale.

L'expérience individuelle est précieuse et nécessaire, mais il n'y a pas de mots pour décrire ce qu'il se passe lorsqu'on la partage avec des centaines d'êtres humains.

Je veux que tout le monde puisse **se rappeler qui il est et découvre le pouvoir qui lui a été donné pour jouir d'une vie extraordinaire**. Mon plus grand rêve, c'est que tu fasses l'expérience de ce grand amour qui est en toi et que tout le monde ait accès à ce qui a changé ma vie, la mienne et celle de millions de personnes.

Je t'invite à me suivre sur les réseaux sociaux, où je t'informerai de toutes mes activités. Retrouve-moi sur…

- **Facebook : Rut Nieves Arquitecta De Emociones**
- **Google+ : Rut Nieves Arquitecta De Emociones**
- **Twitter : @rutnievesmiguel**
- **Instagram : rutnieves**

Je te souhaite de connaître une vie extraordinaire, je te souhaite d'ouvrir ton esprit aux miracles et ton cœur à l'amour. Que tu sois chaque jour immensément heureux !

Je te remercie infiniment de m'avoir accompagnée sur ce si beau chemin. Béni sois-tu.

Avec tout mon amour,

RUT

VEUX-TU ÊTRE UN MESSAGER DE L'AMOUR ?

Tu aimerais que d'autres personnes découvrent *Crois en toi* ? Tu imagines ce que serait ta vie si ceux que tu aimes en apprenaient autant que toi et découvraient ce qui a amélioré ta qualité de vie ?

Mon projet de vie est d'aider les gens à découvrir le potentiel de leur mental et de leurs émotions, et le pouvoir infini de l'amour qui réside en eux, afin que chacun puisse être l'architecte de sa vie et obtienne ce qu'il désire de tout son cœur.

Si tu veux aider à diffuser les idées et le savoir que je transmets dans ce livre et si tu penses qu'il est important que les autres découvrent leur grandeur, leur pouvoir et combien ils sont précieux, tu peux le faire de plusieurs façons :

1. Offre *Crois en toi* à ceux que tu aimes.

2. Prends une photo de toi avec le livre et envoie-la à contact@rutnieves.es pour encourager les autres à découvrir combien ils sont précieux et pleins de force. Tu peux aussi partager ta photo sur les réseaux sociaux pour que d'autres personnes connaissent le livre.

3. Écris-moi quelques lignes sur ce que tu penses du livre et ce qu'il t'a apporté. S'il t'a été utile, il peut l'être pour d'autres personnes.

4. Avec ton téléphone portable, réalise une courte vidéo d'environ trente secondes en donnant ton avis, ainsi que ton nom, les bénéfices que tu as tirés de cette lecture et un petit mot de recommandation.

Merci d'exister et d'avoir fait le choix d'en apprendre davantage sur toi et de **croire en toi**. En prenant conscience de ta grandeur et en apprenant à vivre pleinement, tu participeras à l'éveil de ce monde et tu seras témoin de tout l'amour que tu as en toi. Merci à toi d'aider à créer un monde plus juste et plus humain, fondé sur l'amour et le respect, et où chaque jour plus de gens croient en eux-mêmes et en l'amour.

Pour ton information, sache que 10 % des bénéfices de l'édition espagnole de ce livre sont destinés à aider ceux qui sont dans le besoin.

Je te souhaite le meilleur et que tous les rêves qui sommeillent dans ton cœur se réalisent.

Avec tout mon amour,

RUT NIEVES

J'ai un dernier message pour toi

Crois en toi si fort

que le monde ne pourra faire

autrement que de croire en toi

Aie toujours de l'amour pour toi

Tu mérites le meilleur

Tu es génial

Merci d'exister

Je t'aime,

Rut

MIXTE
Papier issu de
sources responsables
FSC® C003309

Les papiers utilisés dans cet ouvrage
sont issus de forêts responsablement gérées.

Achevé d'imprimer en janvier 2020
sur les presses de la Nouvelle Imprimerie Laballery
58500 Clamecy
Dépôt légal : janvier 2020
N° d'impression : 912464

Imprimé en France

La Nouvelle Imprimerie Laballery est titulaire de la marque Imprim'Vert®